Ver a nós mesmos como realmente somos

Edição patrocinada pela
TIBET HOUSE BRASIL

SUA SANTIDADE O
DALAI LAMA

com edição de texto do Ph.D.
JEFFREY HOPKINS

Ver a nós mesmos como realmente somos

Tradução
Jeanne Pilli

Palas Athena

Título original: *How to see yourself as you really are*

Grafia segundo o Acordo Ortográfico da Língua Portuguesa de 1990,
que entrou em vigor no Brasil em 2009.

Coordenação editorial: Lia Diskin

Revisão de textos e provas: Chantal Brissac

Projeto gráfico: Jonas Gonçalves

Capa, diagramação e produção: Tony Rodrigues

Foto de capa: Tenzin Choejor/OHHDL

Dados Internacionais de Catalogação na Publicação (CIP)
(Câmara Brasileira do Livro, SP, Brasil)

Bstan-'dzin-rgya-mtsho, Dalai Lama XIV, 1935-
Ver a nós mesmos como realmente somos / sua santidade Dalai Lama com edição de texto Jeffrey Hopkins ; tradução Jeanne Pilli. -- 1. ed. -- São Paulo : Palas Athena Editora, 2023.

Título original: How to see yourself as you really are

ISBN 978-65-86864-25-0

1. Autorrealização - Aspectos religiosos - Budismo 2. Ilusminismo (Budismo) I. Título.

22-138588 CDD-294.342

Índices para catálogo sistemático:

1. Budismo : Doutrinas : Religião 294.342

Aline Graziele Benitez - Bibliotecária - CRB-1/3129

1ª edição, março de 2023

Direitos adquiridos para a língua portuguesa no Brasil por
Palas Athena Editora
Alameda Lorena, 355 – Jardim Paulista
01424-001 São Paulo, SP Brasil
Fone (11) 3050-6188
www.palasathena.org.br
editora@palasathena.org.br

Sumário

Prefácio

Este livro de Sua Santidade o Dalai Lama parte de uma noção budista básica de que o amor e o insight trabalham cooperativamente para conduzir à iluminação, como as duas asas de um pássaro. O tema fundamental é que o conhecimento de si mesmo é a chave para o desenvolvimento pessoal e relacionamentos positivos. O Dalai Lama nos mostra como, na ausência do verdadeiro autoconhecimento, nos prejudicamos por meio de noções equivocadas e exageradas do "eu", dos outros, de eventos externos e das coisas físicas. Até mesmo nossos sentidos nos enganam, induzindo-nos ao apego e a ações negativas que, inevitavelmente, retornam para nos assombrar no futuro. O livro ensina – detalhadamente – como superar esses erros para que possamos viver a partir de um conhecimento realista de nossa saudável interdependência.

A primeira parte desta obra mostra como remover o véu enganoso que encobre nossa experiência; outras abordagens, como suprimir o anseio e o ódio, podem ser úteis, mas não tocam a raiz do problema. Dirigindo nossa atenção ao falso verniz que tanto deslumbra nossos sentidos e pensamentos, Sua Santidade prepara o terreno para descobrirmos a realidade por trás das aparências. Nossa aceitação tácita das coisas tal qual elas parecem ser é chamada de ignorância, que não é apenas uma falta de conhecimento sobre como as pessoas e as coisas verdadeiramente existem, mas uma interpretação equivocada ativa de sua natureza fundamental. O verdadeiro autoconhecimento envolve expor e enfrentar os conceitos errôneos sobre nós mesmos. O objetivo é descobrir como nos colocamos em apuros e, em seguida, aprender como intervir na base de nossas ideias contraproducentes.

A psicologia budista é conhecida por suas descrições detalhadas do funcionamento da mente, e Sua Santidade utiliza esses insights de maneira prática, ajudando os leitores a compreender esses processos por meio de sua própria experiência. Assim, sabemos que nossas percepções distorcidas do corpo e da mente levam a erros desastrosos, que vão do extremo do desejo ao extremo do ódio, de tal modo que somos levados a problemas como se fôssemos puxados por uma argola no nariz. Desenvolvendo a compreensão desse processo, podemos nos libertar desses cenários infinitos de dor e livrar também todos que estão ao nosso redor.

Essa primeira parte fornece exercícios, passo a passo, para desenvolvermos a capacidade de reconhecer a disparidade entre como parecemos ser para nós mesmos e como realmente somos. Depois de reconhecermos nossas suposições distorcidas, vamos aprender, na segunda parte do livro, como miná-las. As ferramentas utilizadas para realizarmos essa transformação são reflexões budistas célebres que questionam as aparências, ilustradas pelo Dalai Lama com suas próprias experiências. Sua Santidade sugere uma variedade de exercícios práticos para nos ajudar a quebrar as ilusões que colocamos sobre tudo o que realmente existe – assim, aprendemos como agir no mundo a partir de bases mais realistas. Isso exige a valorização da interdependência de todas as coisas e da rede de nossos relacionamentos, pela contribuição significativa que confere às nossas vidas.

A terceira parte do livro descreve como aproveitar o poder da concentração meditativa com insight para alcançar a imersão em nossa própria natureza última, o que reduz nossos problemas desde sua própria base. A quarta e a quinta partes colocam em discussão como as pessoas e as coisas realmente existem – elas não existem da maneira que supomos. O Dalai Lama leva os leitores a perceber como tudo depende do pensamento, e como o próprio pensamento organiza o que percebemos. Seu objetivo é que possamos desenvolver um senso claro do que significa existir sem concepções equivocadas.

A parte final do livro explica de que maneira esse profundo estado de existência intensifica o amor, revelando como as emoções destrutivas e o sofrimento são, de fato, desnecessários. Desta forma, o conhecimento de si mesmo é visto como a chave para o desenvolvimento pessoal e para os relacionamentos positivos. Uma vez que sabemos como colocar o insight a serviço do amor e o amor a serviço do insight, chegamos ao apêndice do livro, uma visão geral das etapas para alcançar a iluminação altruísta.

Este livro ilustra a contribuição do Tibete para a cultura mundial, lembrando-nos a importância de cuidar de uma pátria para preservar sua cultura. A luz que irradia através dos ensinamentos do Dalai Lama tem origem nessa fonte, oferecendo conhecimentos e práticas que muitos de nós necessitamos na nossa própria cultura.

Ph.D. JEFFREY HOPKINS
Professor Emérito de Estudos Tibetanos
Universidade da Virgínia

INTRODUÇÃO
Minha perspectiva

Quando nos levantamos de manhã e ouvimos as notícias ou lemos o jornal, somos confrontados com as mesmas histórias tristes – violência, guerras e desastres. É claro que, mesmo nos tempos modernos, a preciosa vida não está segura: não consigo me lembrar de um único noticiário sem uma reportagem sobre um crime acontecido em algum lugar. Há tantas notícias ruins hoje em dia, tamanha consciência do medo e da tensão, que qualquer ser sensível e compassivo deve questionar o "progresso" que fizemos em nosso mundo moderno.

Ironicamente, os problemas mais graves emanam de sociedades industrialmente avançadas, nas quais uma alfabetização tecnológica sem precedentes parece ter fomentado apenas a inquietação e o descontentamento. Não há dúvida sobre o progresso coletivo que alcançamos em muitas áreas – especialmente na ciência e tecnologia – mas, de alguma forma, nossos avanços em termos de conhecimento não são suficientes. Os problemas humanos básicos persistem. Não temos conseguido trazer a paz, tampouco reduzir o sofrimento de maneira geral.

Essa situação me leva à conclusão de que pode haver algo gravemente errado com a forma como temos tratado nossas questões, erro que, se não for verificado a tempo, pode ter consequências desastrosas para o futuro da humanidade. A ciência e a tecnologia têm contribuído imensamente para o desenvolvimento global da humanidade, para o nosso conforto e bem-estar materiais, bem como para a compreensão do mundo em que vivemos. Mas se priorizarmos esses esforços, corremos o risco de perder aqueles aspectos do conhecimento humano que contribuem para o desenvolvimento de uma personalidade honesta e altruísta.

A ciência e a tecnologia não podem substituir os valores espirituais ancestrais que foram, em grande medida, responsáveis pelo verdadeiro progresso da civilização mundial tal qual a conhecemos hoje. Ninguém pode negar os benefícios materiais da vida moderna, mas ainda enfrentamos sofrimento, medo e tensão, talvez mais agora do que nunca. Portanto, é razoável tentar encontrar um equilíbrio entre o desenvolvimento material e o desenvolvimento espiritual. Para promovermos uma grande mudança, precisamos reavivar e fortalecer nossos valores internos.

Espero que compartilhem da minha preocupação com a atual crise moral mundial e que se juntem a mim no apelo a todos os humanitários e praticantes religiosos que também se inquietam com o tema, para que ajudem a tornar nossas sociedades mais compassivas, justas e equitativas. Digo isso não como um budista e nem mesmo como um tibetano, mas simplesmente como um ser humano. Tampouco falo como um especialista em política internacional (embora inevitavelmente comente sobre esses temas), mas como alguém que faz parte da tradição budista que, como as tradições de outras grandes religiões mundiais, tem como alicerce a preocupação com todos os seres. A partir dessa perspectiva, partilho com vocês as seguintes crenças pessoais:

1. O interesse universal é essencial para resolver problemas globais.
2. O amor e a compaixão são os pilares da paz mundial.
3. Todas as religiões do mundo buscam promover a paz mundial, assim como todos os humanitários, seja qual for a ideologia.
4. Cada indivíduo tem a responsabilidade de criar instituições para atender às necessidades do mundo.

Vamos refletir sobre cada uma dessas crenças.

1. O INTERESSE UNIVERSAL É ESSENCIAL PARA RESOLVER OS PROBLEMAS GLOBAIS

Dos muitos problemas que enfrentamos hoje, alguns são calamidades naturais que devem ser aceitas e enfrentadas com serenidade. Outros, entretanto, são de nossa própria autoria, criados por mal-entendidos, e que podem ser corrigidos. Um desses problemas surge do conflito de ideologias, políticas ou religiosas, em que pessoas lutam entre si em nome de suas crenças, perdendo de vista a humanidade básica que nos une como uma única família humana. É preciso lembrar que essas diferentes religiões, ideologias e sistemas políticos do mundo surgiram para ajudar os seres humanos a alcançar a felicidade. Não podemos perder de vista esse objetivo fundamental. Em momento algum devemos colocar os meios acima dos fins: precisamos manter sempre a supremacia da compaixão sobre a ideologia.

De longe, o maior perigo que todos os seres vivos enfrentam em nosso planeta é a ameaça de destruição nuclear. Não preciso entrar em detalhes sobre esse risco, mas gostaria de apelar aos líderes das potências nucleares que literalmente têm o futuro do mundo em suas mãos, aos cientistas e técnicos que continuam a criar essas terríveis armas de destruição e a todas as pessoas para exercitar a sanidade e buscar o desarmamento. Sabemos que, no caso de uma guerra nuclear, não haverá vencedores porque simplesmente não haverá sobreviventes! Não é assustador apenas contemplar tal destruição desumana e sem coração? E não é lógico que devemos banir a causa potencial da nossa própria destruição, uma vez que a reconhecemos? Muitas vezes não podemos resolver um problema porque não sabemos sua causa ou, se o entendemos, não temos os meios ou o tempo para solucioná-lo. Este não é o caso da ameaça nuclear.

Todos os seres buscam paz, conforto e segurança, quer eles pertençam a espécies mais evoluídas, como os humanos, ou a outras mais simples, como os animais. A vida é tão cara ao animal, incapaz de se expressar com palavras, quanto a qualquer ser humano; até o inseto mais simples luta para se proteger dos perigos que ameaçam sua existência. Assim como cada um de nós deseja viver e não deseja morrer, outras criaturas almejam o mesmo, ainda que seu poder para conseguir isso varie bastante.

Em termos gerais, existem dois tipos de felicidade e sofrimento: mental e físico. Pelo fato de acreditar que o sofrimento e a felicidade mentais são mais influentes do que seus correspondentes físicos, costumo enfatizar o treinamento da mente como uma estratégia para gerenciar o sofrimento e alcançar um estado de felicidade mais duradouro. A felicidade é uma combinação de paz interior, viabilidade econômica e, acima de tudo, paz mundial. Para atingir esses objetivos, creio ser necessário desenvolver um sentido de responsabilidade universal, uma profunda preocupação com todos, independentemente de credo, cor, sexo, nacionalidade ou etnia.

A responsabilidade universal se baseia na simples premissa de que todos nós queremos a mesma coisa. Todo ser deseja a felicidade e não deseja sofrer. Se não respeitarmos este fato, haverá cada vez mais sofrimento neste planeta. Se adotarmos uma abordagem autocentrada com respeito à vida e tentarmos constantemente usar os outros para satisfazermos nossos próprios interesses, é possível obtermos benefícios temporários, mas no longo prazo tanto a felicidade pessoal quanto a paz mundial estarão completamente fora de questão.

Em sua busca pela felicidade, os seres humanos têm utilizado diferentes métodos e, com bastante frequência, esses meios têm sido agressivos e rudes. Comportando-se de maneiras totalmente impróprias para um ser humano, as pessoas cometem crueldades terríveis, infligindo sofrimento a outros seres vivos em benefício próprio. Ao final, essas ações míopes não produzem nada além de sofrimento para nós mesmos e para os outros. Nascer como um ser humano é, por si só, um evento raro, e é sábio fazer uso dessa oportunidade da forma mais benéfica possível. Devemos ter em mente que todos nós temos um mesmo desejo, para que uma pessoa ou grupo não busque a felicidade ou a glória às custas dos outros.

Para isso é preciso abordar os problemas globais de maneira compassiva. A globalização significa que o mundo está se tornando rapidamente menor e mais interdependente, graças à tecnologia e ao comércio internacional. Como resultado, precisamos uns dos outros mais do que nunca. Nos tempos antigos, os problemas eram na maior parte das vezes familiares e, portanto, podiam ser tratados no âmbito privado, mas essa situação mudou. Hoje, uma nação não consegue mais resolver seus problemas de forma satisfatória sozinha; ela depende em grande medida de interesses, atitudes e cooperação de outras nações. Uma abordagem universal dos problemas mundiais é a única base sólida para a paz mundial.

Estamos tão intimamente interconectados que, sem um sentido de responsabilidade universal e sem a compreensão de que realmente fazemos parte de uma grande família humana, não poderemos superar os perigos que ameaçam nossa própria existência, muito menos encontrar paz e felicidade.

O que isso implica? Uma vez que reconhecemos que todos os seres valorizam a felicidade e não desejam o sofrimento, torna-se moralmente errado e pragmaticamente imprudente procurar nossa própria felicidade desconsiderando os sentimentos e as aspirações de todos os outros membros de nossa própria família humana. Buscar nossa própria felicidade tendo em conta os outros nos leva ao que chamo de "interesse pessoal sábio" que, com sorte, se transformará em "interesse pessoal comprometido" ou, melhor ainda, "interesse mútuo". Algumas pessoas pensam que cultivar a compaixão é bom para os outros e não necessariamente para si mesmas, mas isso é um equívoco. Quem se beneficia de modo mais direto é aquele que pratica a compaixão, já que ela produz imediatamente uma sensação de calma (hoje em dia, médicos têm mostrado em pesquisas científicas que uma mente calma é essencial para uma boa saúde), força interior e uma profunda confiança e satisfação, ao passo que não há evidências de que o outro, objeto da sua compaixão, seja beneficiado. O amor e a compaixão expandem a nossa própria vida interior, reduzindo o estresse, a desconfiança e a solidão. Concordo plenamente com um médico ocidental que recentemente me disse que as pessoas que costumam usar as palavras *eu, mim* e *meu* correm maior risco de ter um ataque cardíaco. Quando, em razão do autocentramento, sua visão se limita a você mesmo, até mesmo um pequeno problema parecerá insuportável.

Embora se possa esperar que uma maior interdependência entre as nações gere mais cooperação, é difícil criar um espírito de cooperação genuína enquanto as pessoas permanecerem indiferentes aos sentimentos e à felicidade dos outros. Quando se vive motivado principalmente pela ganância e pela inveja, não é possível viver em harmonia. Uma abordagem espiritual pode não fornecer uma solução da noite para o dia para todos os problemas políticos causados pela abordagem atual autocentrada, mas, a longo prazo, alcançará a própria base dos problemas que enfrentamos hoje, removendo-os pela raiz.

O mundo está se tornando cada vez menor, à medida que todas as partes do mundo são obviamente parte de você mesmo. Assim, a destruição de seu inimigo é a sua própria destruição. O próprio conceito de guerra é antiquado. Se o século XX foi o século do derramamento de sangue, o século XXI precisa ser o século do diálogo.

Se a humanidade continuar tratando seus problemas da perspectiva da conveniência temporária, as gerações futuras enfrentarão enormes dificuldades. A população global está aumentando e nossos recursos estão se esgotando rapidamente. Pense nos efeitos desastrosos do desmatamento massivo sobre o clima, o solo e a ecologia global como um todo. Estamos enfrentando calamidades porque, guiados por conveniências e interesses egoístas, sem levar em conta toda a família dos seres vivos, não estamos considerando a terra e as necessidades de longo prazo da própria vida. Se não pensarmos nessas questões agora, é possível que as gerações futuras não consigam enfrentá-las.

2. AMOR E COMPAIXÃO COMO PILARES DA PAZ MUNDIAL

De acordo com a psicologia budista, a maioria dos nossos problemas provém do apego a coisas que erroneamente consideramos permanentes. Vivendo a partir desse equívoco, vemos a agressão e a competitividade como úteis na busca do que imaginamos e desejamos. Mas isso só fomenta ainda mais a beligerância. Esse pensamento equivocado sempre esteve presente na mente humana, mas nossa capacidade de aplicá-lo se tornou maior, agora que temos máquinas e técnicas de enorme poder para reunir e consumir recursos. Desse modo, a ganância e a agressão, estimuladas por nossa ignorância sobre como as coisas realmente são, liberam mais desses venenos para o mundo. Se os problemas forem resolvidos com humanidade, eles simplesmente terminarão, ao passo que, se tentarmos empregar formas desumanas, outros problemas se somarão aos anteriores.

O antídoto humano para esses problemas é o amor e a compaixão, ingredientes essenciais para a paz mundial. Somos animais sociais; os principais fatores que nos mantêm juntos são o amor e a compaixão. Quando experimentamos esses sentimentos por uma pessoa muito pobre, eles se baseiam no altruísmo. Por outro lado, o amor pelo marido ou pela esposa, por filhos ou amigos próximos costuma ser misturado com apego e, quando esse apego muda, a bondade pode desaparecer. O amor completo não se baseia no apego, mas no altruísmo, que é a resposta mais eficaz ao sofrimento.

Amor e compaixão são qualidades que devemos nos esforçar para cultivar em nós mesmos, expandindo seus limites até o ilimitado. Amor e compaixão ilimitados, espontâneos e livres de discriminação são possíveis até mesmo por alguém que nos causou mal, um inimigo. E seu poder é espantoso.

O budismo nos ensina a ver todos os seres sencientes como nossas mães queridas e a demonstrar nosso amor e nossa gratidão a eles. Uma das primeiras coisas que fizemos na vida foi sugar o leite do mamilo de nossa mãe, e o leite materno é o próprio símbolo de amor e compaixão. Cientistas documentaram, por meio de pesquisas com macacos, que os filhotes separados das mães por um período prolongado são mais tensos e rudes, incapazes de expressar simpatia pelos outros, enquanto aqueles que são criados com as mães são mais brincalhões, significando que são mais felizes. De acordo com a perspectiva budista, nascemos e renascemos incontáveis vezes, o que significa que é concebível que cada ser senciente tenha sido nossos pais em um momento ou outro. Desta forma, todos os seres compartilham laços familiares. Desde o momento do nosso nascimento, recebemos os cuidados e o amor de nossos progenitores; mais adiante na vida, quando enfrentamos o sofrimento da doença e da velhice, novamente dependemos da caridade de outras pessoas. Se no início e no fim de nossas vidas dependemos da bondade dos outros, por que no meio de nossas vidas não deveríamos agir amorosamente com eles? Trata-se de uma escolha pragmática.

Desenvolver um coração bondoso, um sentimento de proximidade com todos os seres, não requer que se pratique uma religião convencional. Isso não é só para quem acredita em alguma religião. É para todos, independentemente de raça, religião ou filiação política. É para todos os que se consideram, antes de tudo, membros da família humana, dispostos a abraçar essa perspectiva mais ampla e mais longa. Os valores básicos de amor e compaixão estão presentes em nós desde o momento do nosso nascimento, enquanto as perspectivas raciais, étnicas, políticas e teológicas vêm depois. A violência não está em harmonia com a nossa natureza humana básica, o que pode nos levar a perguntar por que todos os tipos de violência se tornam notícia, enquanto raramente isso acontece com atos de compaixão. A razão é que a violência é chocante e não está em conformidade com nossa natureza humana básica, ao passo que os atos de compaixão nos parecem muito naturais porque são mais próximos de nossa natureza.

Uma vez que todos desejamos obter felicidade e evitar o sofrimento, e uma vez que uma única pessoa é relativamente sem importância em relação a uma infinidade de outras, podemos ver que vale a pena compartilhar nossos bens com outras pessoas. A felicidade que resulta de amar e servir aos outros é muito superior ao ganho que obtemos servindo apenas a nós mesmos.

Nossas vidas estão em fluxo constante, o que gera muitas dificuldades. Mas quando estas são enfrentadas com uma mente calma e clara apoiada pela prática espiritual, podemos ter sucesso em resolvê-las. Quando nossas mentes estão nubladas pelo ódio, egoísmo, ciúme e raiva, perdemos não apenas o controle, mas também nossa capacidade de discernimento. Nesses momentos de insanidade, tudo pode acontecer, inclusive a guerra. Embora a prática da compaixão e da sabedoria seja útil para todos nós, é especialmente valiosa para os responsáveis pela gestão de assuntos nacionais, em cujas mãos estão o poder e a oportunidade de criar uma base para que a paz mundial seja possível.

3. TODAS AS RELIGIÕES MUNDIAIS BUSCAM PROMOVER A PAZ MUNDIAL

Os princípios que mencionei estão de acordo com os ensinamentos éticos de todas as religiões do mundo. Sustento a afirmação de que o budismo, o cristianismo, o confucionismo, o hinduísmo, o islamismo, o jainismo, o judaísmo, o siquismo, o taoísmo e o zoroastrismo consideram o amor um ideal, buscam beneficiar a humanidade por meio da prática espiritual e se esforçam para tornar seus seguidores pessoas melhores. Todas as religiões ensinam preceitos morais para o desenvolvimento da mente, corpo, fala e ação: não minta, não roube, não tire a vida de outros seres, e assim por diante. O altruísmo é a fundação comum estabelecida por todos os grandes mestres espirituais. Esta é a base para afastar seus seguidores de atos prejudiciais causados pela ignorância e para conduzi-los ao caminho do bem.

Todas as religiões concordam com a necessidade de controlar a mente indisciplinada, que abriga o egoísmo e outras fontes de problemas, apontando o caminho para um estado espiritual que seja pacífico, disciplinado, ético e sábio. Nesse sentido, acredito que todas elas têm essencialmente a mesma mensagem. É claro que a discussão não tem fim quando as diferenças religiosas surgem do dogma e da diversidade cultural. No entanto, é muito melhor implementar na vida diária a bondade ensinada por todas as religiões do que discutir sobre pequenas diferenças de abordagem.

Existem muitas religiões que buscam levar conforto e felicidade para a humanidade, da mesma maneira como existem muitos tratamentos para uma doença específica. Todas as religiões se empenham em ajudar os seres a evitar o sofrimento e a encontrar a felicidade. Embora possamos preferir uma perspectiva religiosa a outra, há um chamado muito mais forte para a unidade, fruto dos desejos comuns do coração humano. Cada religião trabalha para reduzir o sofrimento e contribuir para o mundo; a conversão não é o ponto. Não penso em converter outras pessoas ao budismo ou meramente em promover a causa budista. Em vez disso, tento pensar em como eu, como budista, posso contribuir para a felicidade de todos os seres vivos.

Embora aponte os paralelos fundamentais entre as várias religiões mundiais, não defendo uma nova "religião mundial". Todas as diferentes religiões do mundo são necessárias para enriquecer a experiência humana e a civilização como um todo. Nossas mentes humanas, com toda sua diversidade, precisam de abordagens diferentes para a paz e para a felicidade. É como uma variedade de alimentos. Certas pessoas acham o cristianismo mais atraente; outros preferem o budismo porque ele não considera que haja um Criador, e que tudo depende de nossas próprias ações. Poderíamos fazer reflexões semelhantes sobre outras religiões também. O ponto é claro: a humanidade precisa de todas as religiões do mundo para atender aos vários estilos de vida, às diversas necessidades espirituais e às tradições nacionais herdadas.

É a partir dessa perspectiva que saúdo os esforços que estão sendo feitos em várias partes do mundo para um melhor entendimento entre as diferentes religiões. Essa é uma necessidade particularmente urgente. Se a principal preocupação de todas as religiões for tornar a humanidade melhor, elas poderão trabalhar juntas pela paz mundial. A compreensão ecumênica trará a coesão necessária para que todas as religiões trabalhem juntas. Embora este seja um passo importante, devemos lembrar que não há maneiras rápidas ou fáceis de navegar pelas diferenças doutrinárias entre as várias religiões, nem podemos esperar chegar a uma nova crença universal que satisfaça a todos. Cada religião dá suas próprias contribuições distintas e cada uma, à sua maneira, é adequada para orientar um determinado grupo de pessoas. O mundo precisa de todas.

Os praticantes religiosos que se dedicam a buscar a paz mundial têm duas tarefas principais. A primeira é promover um melhor entendimento inter-religioso para que seja criado um grau possível de unidade entre todas as religiões. Parte disso pode ser alcançada respeitando as crenças uns dos outros e enfatizando a preocupação comum com o bem-estar humano. Em segundo lugar, devemos chegar a um consenso viável sobre os valores espirituais básicos que tocam cada coração humano. Essas duas etapas nos permitirão agir tanto individualmente quanto em conjunto para criar as condições espirituais necessárias para a paz mundial.

Apesar das tentativas sistemáticas de substituir os valores espirituais por ideologia política e comercialismo, a vasta maioria da humanidade continua a acreditar em uma religião ou outra. A tenacidade da fé, mesmo em face de regimes políticos repressivos, demonstra claramente a força da religião. Essa energia espiritual é um poder que pode ser aproveitado para trazer a paz mundial. Líderes religiosos e humanitários em todo o mundo têm um papel especial a desempenhar a esse respeito.

Quer sejamos capazes de alcançar a paz mundial ou não, não temos escolha a não ser trabalhar para atingir esse objetivo. Se permitirmos que o amor e a compaixão sejam dominados pela raiva, sacrificaremos a melhor parte da sabedoria e da inteligência humana, nossa capacidade de decidir entre o certo e o errado. Junto com o egoísmo, a raiva é um dos problemas mais sérios que o mundo enfrenta hoje.

4. CADA INDIVÍDUO TEM A RESPONSABILIDADE DE MOLDAR AS INSTITUIÇÕES

A raiva tem um peso grande nos conflitos atuais, como os que acontecem no Oriente Médio e na Ásia, bem como naqueles entre nações altamente industrializadas e outras economicamente subdesenvolvidas. Esses conflitos surgem porque nos falta compreensão do quanto temos em comum. As respostas não são o desenvolvimento e o uso de maior força militar, tampouco são puramente políticas ou tecnológicas. Os problemas que enfrentamos hoje não podem ser atribuídos a uma pessoa ou a uma causa, mas são sintomas da nossa própria negligência no passado. Precisamos enfatizar o que compartilhamos, e esta é basicamente uma abordagem espiritual.

O ódio e a luta não podem trazer felicidade a ninguém, nem mesmo aos vencedores das batalhas. A violência sempre produz sofrimento, por isso é essencialmente contraproducente. É hora de os líderes mundiais aprenderem a transcender as diferenças de raça, cultura e ideologia para que possam celebrar o que temos em comum na nossa situação humana. Isso traria inspiração a indivíduos, comunidades, nações e ao mundo como um todo.

A mídia de massa, incluindo a internet, pode oferecer uma contribuição considerável, dando maior cobertura a temas que refletem a unicidade fundamental da humanidade. Espero que todas as organizações internacionais, especialmente as Nações Unidas, sejam mais ativas e eficazes no serviço à humanidade e na promoção da compreensão internacional. De fato, será trágico se membros poderosos fizerem uso indevido de organizações mundiais como a ONU para atender a seus interesses unilaterais. Essa organização deve se tornar o principal instrumento da paz mundial; é a única fonte de esperança para as pequenas nações oprimidas e, portanto, para o planeta como um todo.

Dentro de cada nação, o indivíduo deve ter resguardado o direito de alcançar a felicidade e, entre as nações, deve haver igual preocupação com o bem-estar de todas, incluindo as nações mais frágeis. Não estou sugerindo que um sistema seja melhor do que outro e que todos deveriam adotá-lo. Ao contrário, uma variedade de sistemas políticos e ideologias é desejável, dadas as diferentes características da comunidade humana. Essa diversidade aumenta nossas possibilidades de alcançar a felicidade; portanto, cada comunidade nacional deve ter liberdade para desenvolver seu próprio sistema político e socioeconômico, com base no princípio da autodeterminação.

Da mesma forma, como todas as nações são mais economicamente dependentes umas das outras do que nunca, a compreensão humana deve ir além das fronteiras nacionais para abarcar a comunidade internacional inteira. Se não pudermos criar uma atmosfera de cooperação genuína, na qual a ameaça ou o uso real da força seja substituído por uma compreensão sincera, os problemas mundiais só aumentarão. A lacuna entre ricos e pobres não é apenas um equívoco moral, mas, na prática, é uma fonte de conflitos. Se as pessoas nos países mais pobres não tiverem a felicidade que desejam e merecem, elas se sentirão insatisfeitas e criarão problemas para os ricos. Se restrições sociais, políticas e culturais indesejadas continuarem a ser impostas a pessoas que não estão dispostas a aceitá-las, as perspectivas de paz mundial se tornam limitadas. No entanto, se satisfizermos as pessoas, de coração para coração, certamente haverá paz.

Tenho consciência da magnitude da tarefa que temos diante de nós, mas não vejo outra alternativa senão a que estou propondo, que se baseia em nossa humanidade comum. As nações não têm escolha a não ser se preocuparem com o bem-estar das demais, não apenas para atender às aspirações compartilhadas por toda a humanidade, mas também porque, no longo prazo, é do interesse mútuo de todos os envolvidos. Devemos considerar o benefício humano no longo prazo, e não apenas no curto prazo.

No passado, foram feitas tentativas para criar sociedades mais justas e igualitárias. Instituições foram concebidas com estatutos nobres para combater as forças antissociais. Infelizmente, esses esforços foram minados pelo egoísmo e pela ganância. Hoje somos testemunhas de como a ética e os princípios nobres podem ser obscurecidos pelos interesses pessoais, especialmente na esfera política. A política desprovida de ética não promove o bem-estar humano, e a vida sem moralidade reduz os humanos ao nível de bestas. Isso leva muitos a renunciar totalmente à política, mas a política não é axiomaticamente suja. São os instrumentos equivocados de nossa cultura política que distorceram nossos ideais e nossas aspirações nobres.

A moralidade, a compaixão, a decência e a sabedoria são os elementos fundamentais de todas as civilizações. Essas qualidades devem ser cultivadas na infância e sustentadas por meio de uma educação moral sistemática em um ambiente social de apoio para que possa emergir um mundo mais humano. Não podemos esperar que a próxima geração faça essa mudança; nós mesmos devemos tentar renovar os valores humanos básicos. A esperança está nas gerações futuras, mas poderá se perder, a menos que consigamos instituir uma grande mudança em escala mundial em nossos sistemas educacionais agora. Precisamos de uma revolução no compromisso com os valores universais.

Não é suficiente fazer apelos ruidosos para deter a degeneração moral; devemos fazer algo a respeito. Uma vez que, hoje em dia, os governos não assumem tais responsabilidades "religiosas", os líderes humanitários e religiosos precisam fortalecer as organizações cívicas, sociais, culturais, educacionais e religiosas existentes para revitalizar os valores humanos e espirituais. Devemos criar, onde for necessário, novas organizações para atingir esses objetivos. Somente assim podemos ter esperança de criar uma base mais estável para a paz mundial. A semente do amor e da compaixão está intrinsecamente em nós, mas precisamos promovê-la e nutri-la por meio do discernimento e da educação. Para resolver os problemas que a humanidade está enfrentando, será necessário reunir acadêmicos, educadores, assistentes sociais, neurocientistas, médicos e especialistas de todas as áreas para que discutam o que há de positivo e de negativo no que fizemos até agora, bem como o que é essencial introduzir e o que precisa ser mudado no nosso sistema educacional. O ambiente adequado desempenha um papel crucial no crescimento saudável de uma criança. Todos os problemas, incluindo o terrorismo, podem ser superados por meio da educação, especialmente o interesse por todos os demais no nível pré-escolar.

Uma vez que vivemos em sociedade, devemos compartilhar o sofrimento de nossos concidadãos e praticar a compaixão e a tolerância, não apenas para com nossos entes queridos, mas também para com nossos inimigos. Aqui é onde nossa força moral é posta à prova. Devemos dar o exemplo por meio de nossa própria prática, e viver de acordo com os mesmos padrões elevados de integridade que procuramos transmitir aos outros. O objetivo final é servir e beneficiar o mundo.

Minha intenção neste livro é dar uma contribuição, ainda que pequena, para a paz mundial, explicando noções budistas sobre como encontrar a origem de emoções destrutivas, tais como anseio e ódio, dentro de nós mesmos e, em seguida, descrevendo práticas budistas para reduzir essas influências dolorosas e substituí-las no coração com insight e amor.

PARTE I

A NECESSIDADE DO INSIGHT

1
Preparando o terreno para o cultivo do insight

"Quando começar a praticar, seja ávido como um
cervo preso em um cercado tentando sair.
No meio do caminho, seja como um fazendeiro
durante a colheita que não espera por nada.
No final, seja como um pastor que levou o rebanho para casa."

PALAVRAS DO MEU PROFESSOR PERFEITO

PATRUL RINPOCHE

O que causa todos esses problemas no mundo? Nossas próprias emoções contraproducentes. Uma vez geradas, elas nos prejudicam tanto superficial quanto profundamente. As emoções aflitivas trazem problemas do início ao fim. Se tentássemos neutralizar cada uma delas de forma individual, travaríamos uma luta interminável. Então, qual é a causa raiz das emoções opressivas e como podemos lidar com elas de forma mais proveitosa?

Nas muitas escrituras do Buda, encontramos descrições de práticas para combater o anseio, como meditar sobre o que existe sob a pele: carne, ossos, órgãos, sangue, resíduos sólidos e urina. Essas reflexões de fato suprimem temporariamente o desejo, mas não têm o mesmo efeito sobre o ódio. E o inverso também é verdadeiro: as práticas ensinadas com o objetivo de enfraquecer o ódio; por exemplo, cultivar o amor, não curam o desejo. Essas práticas são como medicamentos usados para tratar uma doença específica, mas não curam outras. No entanto, como todas as emoções contraproducentes são baseadas na ignorância sobre a verdadeira natureza das coisas, as práticas que nos ensinam como superar essa ignorância minam todas as emoções aflitivas. O antídoto para a ignorância trata todos os problemas. Este é o extraordinário presente do insight.

Como preparação para desenvolver o insight sobre como você, outras pessoas e as coisas realmente existem, é fundamental estudar detalhadamente os ensinamentos espirituais, e refletir sobre eles repetidamente. Isso é importante porque, para gerar um estado que nos permita atingir claramente a realidade, primeiro precisamos corrigir nossas ideias errôneas sobre a existência.

IDENTIFICANDO A IGNORÂNCIA

Para ter sucesso no desenvolvimento do insight, primeiro é necessário identificar a ignorância. Neste contexto, ela não é apenas uma falta de conhecimento – é uma compreensão errônea e ativa sobre a natureza das coisas. Ela assume erroneamente que as pessoas e as coisas existem por si sós, por sua própria natureza. Este não é um conceito fácil de apreender, mas é muito importante identificar essa percepção equivocada, já que ela é a fonte de emoções destrutivas como o anseio e o ódio. No budismo, falamos muito sobre a vacuidade, mas se você não perceber como as pessoas atribuem imprecisamente existência inerente às coisas, torna-se impossível realizar a vacuidade. É preciso reconhecer, ao menos de uma forma grosseira, o que sobrepomos de maneira incerta aos fenômenos antes de podermos realizar a vacuidade que existe em seu lugar. O foco deste livro é compreender como realmente existimos, quem realmente somos, sem sobreposições de uma falsa imaginação.

Todos os ensinamentos do Buda têm por objetivo a liberação da existência cíclica – com seu incessante movimento de uma vida para outra – e o atingimento da onisciência. A ignorância é a raiz de todo impedimento dessas realizações. A ignorância nos ata ao sofrimento; portanto, a ignorância deve ser claramente identificada. Para isso, devemos refletir sobre como essa falsa qualidade de existência inerente se mostra para a mente, como ela a aceita e embasa tantas ideias neste erro fundamental.

A ignorância não é apenas diferente do conhecimento, mas sim o oposto do conhecimento. Os cientistas nos dizem que, quanto mais de perto examinamos as coisas, maior é a probabilidade de encontrarmos um espaço vazio. A ignorância, ao confiar nas aparências, impõe uma concretude às pessoas e às coisas que, de fato, não existe. A ignorância nos faz acreditar que esses fenômenos existem de algum modo fundamental. Por ignorância, o que vemos ao nosso redor parece existir independentemente, como se sua existência não dependesse de outros fatores para sua existência, mas não é assim. Ao darmos esse status desproporcional às pessoas e às coisas ao nosso redor, somos levados a todos os tipos de emoções exageradas e, em última análise, nocivas.

Identificar essa falsa aparência das coisas e reconhecer nosso consentimento tácito com essa ilusão são os primeiros passos para compreender que você e os outros seres, bem como todos os outros objetos, não existem da maneira que parecem existir; eles não existem de forma tão concreta e autônoma. Ao desenvolver uma avaliação precisa de quem você realmente é, torna-se necessário avaliar a disparidade entre como você parece existir para a sua própria mente e como você realmente existe. O mesmo vale para outras pessoas e para todos os outros fenômenos do mundo.

Reflexão meditativa

Considere o seguinte:

1. Todas as emoções contraproducentes são baseadas e dependem da ignorância sobre a verdadeira natureza das pessoas e das coisas.
2. Existem maneiras específicas de suprimir temporariamente o anseio e o ódio, mas se minarmos a ignorância que concebe erroneamente a natureza de nós mesmos, dos outros e de todas as coisas, todas as emoções destrutivas serão atenuadas.
3. A ignorância vê os fenômenos – que na realidade não existem por si sós – como se existissem independentemente do pensamento.

2
Descobrindo a fonte dos problemas

"Atraída pela luz e pelo calor, a mariposa voa na direção da chama.
Atordoado com o som do violão, o cervo
permanece imóvel sem notar o caçador.
Seduzido pelo cheiro da flor, o inseto fica preso dentro dela.
Apegado ao paladar, o peixe se apressa na direção do anzol.
Levado para a lama, o elefante não consegue escapar."

PALAVRAS DO MEU PROFESSOR PERFEITO

Patrul Rinpoche

Nossos sentidos contribuem para nossa ignorância. Para nossas faculdades de visão, audição, olfato, paladar e tato, os objetos parecem existir por si sós. Ao receber essa informação distorcida, a mente concorda com esse status exagerado das coisas. Os budistas chamam essa mente de "ignorante" por aceitar essa falsa aparência em vez de resistir a ela. A mente ignorante não questiona as aparências para determinar se estão corretas; simplesmente aceita que as coisas são como parecem ser.

Em seguida, nos comprometemos com a aparente verdade da concretude dos objetos, pensando: “Se isso não é real, o que poderia ser?”. À medida que fazemos isso, nossa incompreensão fica mais forte. Por exemplo, quando encontramos algo ou alguém agradável pela primeira vez, notamos brevemente o objeto de nossa atenção, apenas reconhecendo sua presença. Nesse primeiro momento, a mente é praticamente neutra. Mas quando as circunstâncias nos levam a prestar mais atenção ao objeto, ele parece ser atraente como se essa qualidade fosse parte integrante do objeto. Quando a mente se conecta ao objeto dessa maneira – pensando que ele existe como aparece – pode surgir o desejo pelo objeto e o ódio por aquilo que interfere em sua obtenção.

Quando nosso próprio eu está envolvido, enfatizamos essa conexão: agora é “*meu corpo*”, “*minhas coisas*”, “*meus amigos*” ou “*meu carro*”. Exageramos a atratividade do objeto, minimizamos seus defeitos e desvantagens, e nos apegamos a ele como algo que nos ajuda a obter prazer. Assim, somos arrastados pelo desejo, como que por uma argola presa ao nosso nariz. Também podemos exagerar a falta de atratividade do objeto, transformando algo sem importância em um grande defeito; ignorando suas melhores qualidades, sentimos que o objeto interfere em nosso prazer e somos arrastados pelo ódio, novamente como se tivéssemos uma argola em nosso nariz. Mesmo que o objeto não pareça agradável nem desagradável, mas apenas algo neutro, a ignorância continua a prevalecer, embora neste caso não gere desejo ou ódio. Como diz o iogue e erudito indiano Nagarjuna em sua obra *Sessenta Estrofes sobre Argumentação*:

> “Como poderiam as grandes emoções venenosas e aflitivas não surgir
> naqueles cujas mentes se baseiam na existência inerente?

Mesmo quando o objeto é comum, suas mentes
são agarradas pela serpente das emoções destrutivas."

Concepções mais rudes de "eu" e "meu" evocam emoções destrutivas mais grosseiras, como arrogância e agressividade, criando problemas para você, para sua comunidade e até mesmo para sua nação. Esses equívocos precisam ser identificados observando sua própria mente.

Como diz o pensador e iogue indiano Dharmakirti em sua exposição do pensamento budista:

"Naquele que exagera a própria existência
há sempre o apego ao "eu".
Devido a esse apego, há apego ao prazer.
Por meio do apego, as desvantagens são obscurecidas
e as vantagens são vistas, o que faz com que o apego seja mais forte,
e os objetos que são "meus" são considerados meios de obter prazer.
Portanto, enquanto houver o apego ao eu,
por muito tempo você girará na existência cíclica."

É crucial identificar e reconhecer os diferentes processos de pensamento. Alguns pensamentos apenas nos fazem tomar ciência de um objeto, como ver um relógio apenas como um relógio, sem nenhuma emoção aflitiva como o desejo. Outros pensamentos determinam corretamente se um objeto é bom ou mau, mas sem gerar nenhuma emoção aflitiva; esses pensamentos apenas reconhecem o bom como bom e o mau como mau. No entanto, quando a ideia de que os objetos existem inerentemente se estabelece, a ignorância fundamental já está presente. À medida que a suposição equivocada da existência inerente se torna mais forte, surge o desejo ou o ódio.

O ponto exato onde a mera consciência se torna percepção errônea é quando a ignorância exagera a qualidade positiva ou negativa do objeto, e ele passa a ser visto como *inerentemente* bom ou mau, *inerentemente* atraente ou não atraente, *inerentemente* belo ou feio. Quando a ignorância nos leva a julgar esta falsa aparência como fato, abre o caminho para o anseio, o ódio e uma miríade de outras emoções contraproducentes. Essas emoções destrutivas, por sua vez, levam a ações baseadas no anseio e no ódio. Essas ações estabelecem predisposições cármicas na mente que conduzem o processo da existência cíclica de uma vida a outra.

A RAIZ DA EXISTÊNCIA CÍCLICA

O processo que acabei de descrever nos mostra como somos arruinados por nossa própria ignorância e presos a esse ciclo de sofrimento vida após vida, que chamamos de "existência cíclica"; alguns estados mentais que normalmente identificamos como corretos são, na verdade, exageros do status de pessoas e coisas, que criam problemas para nós e para os outros. A ignorância nos impede de ver a verdade: o fato de que as pessoas e outros fenômenos estão sujeitos às leis de causa e efeito, e de que não há um ser essencial que exista de maneira independente, por si só.

É necessário identificar esse processo da melhor forma possível, desenvolvendo gradualmente uma compreensão cada vez maior da sequência de eventos, que começa com a observação desapaixonada de emoções e ações contraproducentes. Sem ignorância, emoções contraproducentes não são possíveis; elas não ocorrem. A ignorância é o seu suporte. É por isso que o aluno de Nagarjuna, o iogue e erudito indiano Aryadeva, diz:

"Assim como a capacidade de sentir está presente em todo o corpo,
a ignorância habita todas as emoções aflitivas.
Portanto, todas as emoções aflitivas são superadas
por meio da superação da ignorância."

Reflexão meditativa

Considere o seguinte:

1 A atratividade de um objeto parece ser parte integrante do próprio objeto?

2. A atratividade de um objeto obscurece suas falhas e desvantagens?

3. O exagero da atratividade de certos objetos leva ao desejo?

4. O exagero da qualidade desagradável de certos objetos leva ao ódio?

5. Observe como você:

   Primeiro percebe um objeto;

   em seguida, verifica se o objeto é bom ou ruim;

   em seguida, conclui que o objeto tem sua própria base independente para existir;

   em seguida, conclui que a qualidade boa ou ruim do objeto é

   inerente ao objeto;

   em seguida, gera desejo ou ódio de acordo com seu julgamento anterior.

3
Por que é necessário compreender a verdade

"Grande parte do nosso planejamento
é como esperar para nadar em uma ravina seca.
Muitas de nossas atividades são
como cuidar da casa em um sonho.
Quando delirando de febre, não reconhecemos a febre."

PALAVRAS DO MEU PROFESSOR PERFEITO

PATRUL RINPOCHE

Se você não compreender como você mesmo e todas as coisas realmente são, não poderá reconhecer e se livrar dos obstáculos que impedem a liberação da existência cíclica e, ainda mais importante, dos empecilhos que o impedem de ajudar os outros. Sem esse insight, não é possível resolver nenhum problema pela raiz, nem remover as sementes que podem produzir as dificuldades no futuro.

Para superar o equívoco de que as coisas e pessoas existem como entidades autossuficientes, independentes da consciência, é essencial observar sua própria mente para descobrir como esse erro está sendo concebido e como outras emoções destrutivas surgem com base na ignorância. Dado que o desejo, o ódio, o orgulho, o ciúme e a raiva derivam do exagero da importância de qualidades como beleza e feiura, é fundamental entender como as pessoas e as coisas realmente existem, sem amplificações.

A única maneira de obter esse entendimento é interna. É preciso abandonar as falsas crenças que se sobrepõem ao modo como as coisas realmente são; não há meios externos para eliminar o desejo e o ódio. Se um espinho fincar em sua pele, você poderá extraí-lo com uma pinça para sempre, mas para se livrar de uma atitude interna, será preciso enxergar claramente as crenças errôneas sobre as quais ela se baseia. Isso exige o uso da razão para explorar a verdadeira natureza dos fenômenos e, então, concentrar-se no que foi compreendido. Este é o caminho que conduz à libertação e à onisciência. Como diz Dharmakirti:

> "Se a crença no objeto de uma emoção aflitiva não for eliminada,
> ela não poderá ser abandonada.
> O abandono do desejo, do ódio, e assim por diante,
> que estão relacionados à percepção equivocada de vantagens e desvantagens,
> se dará por não vê-los nos objetos,
> não através de meios externos."

Quando você conseguir ver que todas as emoções perturbadoras – e, na verdade, todos os problemas – surgem de uma compreensão equivocada fundamental, você desejará se livrar dessa ignorância. O meio para fazer isso é refletir sobre a argumentação que revela que a sobreposição de uma crença na existência inerente é totalmente infundada e, em seguida, concentrar-se na vacuidade de existência inerente por meio da meditação. Como disse Chandrakirti, discípulo de Nagarjuna e Aryadeva:

> "Vendo com a mente que todas as falhas e emoções aflitivas
> surgem de ver a si mesmo como inerentemente existente,
> e sabendo que o "eu" é o objeto desse ser,
> os iogues refutam sua própria existência inerente."

Aryadeva, de maneira semelhante, diz que a realização da ausência de essência é a maneira de interromper a existência cíclica:

> "Quando a ausência de essência é vista nos objetos,
> a semente da existência cíclica é destruída."

Quando as raízes de uma árvore são cortadas, todos os galhos, ramos e folhas secam. Da mesma forma, todos os problemas da existência cíclica desaparecem quando a percepção equivocada, que é sua causa, é removida.

Os supremos eruditos praticantes da Índia – Nagarjuna, Aryadeva, Chandrakirti e Dharmakirti – entendiam que a verdade não pode ser realizada quando colocamos sobre as pessoas e as coisas um status de solidez e de permanência que, na realidade, não existe. A vacuidade dessa falsa sobreposição deve ser compreendida e, para isso, eles analisaram os fenômenos por meio das escrituras e do raciocínio.

COMO TORNAR A MEDITAÇÃO SIGNIFICATIVA

É crucial entender este procedimento, pois se você não meditar sobre a ausência do erro, que é a raiz da ruína, sua meditação não servirá para tratar o problema, por mais profunda que sua prática possa parecer. Embora consiga afastar sua mente de objetos perturbadores, não será uma prática de absorção na verdade. É preciso perceber ativamente que os objetos simplesmente não existem da maneira que a ignorância faz com que pareçam existir.

Se alguém está assustado porque acredita erroneamente que uma cobra está do lado de fora da porta, não ajudaria em nada dizer que há uma árvore do outro lado da casa; em vez disso, é preciso mostrar à pessoa que, de fato, não há nenhuma cobra do outro lado da porta. Da mesma forma, você precisa compreender que os objetos que você imagina existirem por si sós, na verdade, não existem dessa maneira, para que possa superar os problemas que essa percepção equivocada cria. Simplesmente tirar alguma coisa da mente ou pensar em outra coisa não levará à raiz do problema.

É preciso refletir da seguinte maneira: se os objetos realmente existissem como parecem, as consequências lógicas seriam impossíveis e, com base nisso, você pode apreciar plenamente o fato de que os fenômenos não existem dessa forma. Pessoas e coisas podem ainda parecer existir de forma concreta e independente por si sós, mas você saberá que não. Aos poucos, essa compreensão enfraquecerá seus equívocos e reduzirá os problemas que eles causam. Já que aceitar as aparências como verdadeiras é o problema básico, o antídoto é perceber a falsidade das aparências por meio do raciocínio.

TRÊS MANEIRAS DE VER OS OBJETOS

Existem três modos de operação mental com respeito a um objeto:

1. Conceber o objeto como algo que existe inerentemente, que é o que faz a ignorância.

2. Conceber o objeto como algo que não existe inerentemente, que é o que o insight faz.
3. Conceber o objeto sem atribuir a ele uma existência inerente ou uma ausência de existência inerente, como quando simplesmente se vê algo, como uma casa, por exemplo.

Mesmo quando você não vê um objeto como inerentemente existente, da forma como a ignorância o vê, não necessariamente o vê como não inerentemente existente, como o insight o vê, pois há maneiras de pensar que não fazem nem uma coisa e nem outra, que se enquadram na terceira categoria. Por isso é preciso determinar especificamente os fenômenos sobre os quais está cometendo esse erro fundamental. Apenas pensar em outra coisa não reverterá a ignorância. Seria como procurar um ladrão na cidade depois de ele ter fugido para a floresta.

Quando a ignorância for superada, você terá desarraigado as crenças errôneas que sobrepõe aos objetos: qualidades como beleza e feiura além das que eles realmente possuem. Assim, todas as outras emoções aflitivas – desejo, ódio, ciúme, agressividade e assim por diante – que têm a ignorância como raiz serão superadas. Quando as emoções aflitivas são removidas, elas não têm mais o poder de motivar suas ações (carma). A partir daí, os nascimentos e renascimentos que inevitavelmente ocorrem na existência cíclica impulsionados por predisposições estabelecidas por suas ações (o outro aspecto do carma) são superados e a libertação é alcançada.

É preciso contemplar essa progressão para que ela fique clara e então você possa buscar a verdade sem erros. Quando compreender plenamente como se entra e sai do ciclo de sofrimento, você gostará de saber como as pessoas e as coisas realmente são. Se não entender que as atitudes destrutivas podem ser extintas, a existência da libertação não ficará evidente para você. Mas quando descobrir que as perspectivas equivocadas podem, de fato, ser eliminadas, sua intenção de alcançar a liberação se fortalecerá. É por isso que o insight é tão importante.

Reflexão meditativa

Reflita sobre o seguinte:

1. A ignorância leva ao exagero da importância da beleza, da feiura e de outras qualidades.
2. O exagero dessas qualidades leva ao desejo, ódio, ciúme, agressividade e assim por diante.
3. Essas emoções destrutivas levam a ações contaminadas por uma percepção equivocada.
4. Essas ações (carma) levam aos inevitáveis nascimentos e renascimentos na existência cíclica e aos repetidos envolvimentos em problemas.

5. Remover a ignorância reduz o exagero de qualidades positivas e negativas; isso enfraquece o desejo, o ódio, o ciúme, a agressividade e assim por diante, pondo fim às ações contaminadas pela percepção equivocada, cessando assim os inevitáveis nascimentos e renascimentos na existência cíclica.
6. O insight é a saída.

PARTE II

COMO MINAR A IGNORÂNCIA

4
Sentindo o impacto da interdependência

"Uma linha de quinze centímetros é curta
em relação a uma linha de vinte centímetros.
Uma linha de vinte centímetros é curta
em relação a uma linha de vinte e cinco centímetros."

DITADO TIBETANO

Uma vez que a visão equivocada de que pessoas e coisas existem independentemente é a causa de todas as outras visões e emoções contraproducentes, um dos principais meios de superar essa confusão é refletir sobre o fato de que todos os fenômenos surgem de forma dependente. Como diz Nagarjuna em *A Grinalda Preciosa*:

> "Quando há o longo, necessariamente há o curto.
> Eles não existem por sua própria natureza."

Devido a essa relatividade, os budistas dizem que todos os fenômenos são originações dependentes, em vez de originações independentes.

Ao refletir sobre a originação dependente, você abandonará a crença de que as coisas existem por si sós. Nagarjuna disse:

> "A apreensão da existência inerente é a causa de todas as visões não saudáveis.
> As emoções aflitivas não são produzidas sem esse erro.
> Portanto, quando a vacuidade é completamente conhecida,
> visões não saudáveis e emoções aflitivas são totalmente purificadas.
> Como chega ao conhecimento da vacuidade?
> Ela é conhecida vendo a originação dependente.
> Buda, o supremo conhecedor da realidade, disse:
> 'O que é produzido de maneira dependente não é produzido de maneira inerente'."

Aryadeva, aluno de Nagarjuna, disse de maneira semelhante que entender a originação dependente é crucial para superar a ignorância:

> "Todas as emoções aflitivas são superadas
> superando a ignorância.
> Quando o surgimento dependente é visto,
> a ignorância não surge."

A originação dependente refere-se ao fato de que todos os fenômenos impermanentes, sejam físicos, mentais ou de outros tipos, passam a existir na dependência de certas causas e condições.

Tudo o que se origina de maneira dependente de certas causas e condições não funciona exclusivamente por si só.

Reflexão meditativa

1. Traga à mente um fenômeno impermanente, como uma casa.
2. Reflita sobre seu surgimento na dependência de causas específicas: madeira, carpinteiros e assim por diante.
3. Veja se essa dependência entra em conflito com a aparência da casa como se existisse por si mesma.

ORIGINAÇÃO DEPENDENTE E REALISMO

A teoria da originação dependente pode ser aplicada a tudo. Um dos benefícios da aplicação dessa teoria é que, quando uma situação qualquer é vista dessa maneira, temos uma visão mais holística. Seja qual for a situação – boa ou ruim –, ela depende de causas e condições. Um evento não está sob seu próprio poder, mas depende da presença de muitas causas e condições, bem como de causas e condições passadas. Caso contrário, não poderia surgir.

Por esse ângulo, é possível enxergar muito mais detalhes do quadro geral e assim ver a realidade da situação e sua interdependência. Com a ajuda dessa perspectiva relacional, a ação a ser realizada será realista. Na política internacional, por exemplo, sem essa visão, um líder pode ver um problema como se fosse criado por uma única pessoa que, desse modo, torna-se um alvo fácil. Mas isso não é realista; o problema é muito mais abrangente. A violência produz uma reação em cadeia. Sem uma perspectiva mais ampla, mesmo que a motivação seja sincera, qualquer tentativa de lidar com a situação torna-se irreal; as ações realizadas não serão bem fundamentadas devido à falta de uma imagem holística, porque não existe a compreensão da teia de causas e condições envolvidas.

Da mesma maneira, no campo da medicina não é suficiente concentrar-se em uma única especialidade. O corpo como um todo precisa ser considerado. Na medicina tibetana, a abordagem diagnóstica é mais holística, levando em consideração os sistemas interativos. Da mesma forma, na economia, quando se busca apenas o lucro, o resultado é a corrupção. Basta ver o aumento da corrupção acontecendo em muitos países. Quando se considera todas as ações comerciais como moralmente neutras, fechamos os olhos para a exploração. Quando, como se costuma dizer na China, "não faz diferença se um gato é preto ou branco", o resultado é que muitas pessoas, moralmente falidas, estão criando muitos problemas!

Deixar de olhar para o todo significa perder o realismo. A atitude de que o dinheiro por si só é suficiente leva a consequências imprevistas. O dinheiro é certamente necessário; por exemplo, se pensasse que apenas meditar em um retiro religioso é suficiente, você não teria nada para comer. Muitos fatores precisam ser considerados. Tendo uma visão mais ampla e mais completa, sua perspectiva se torna razoável e suas ações se tornam práticas, podendo alcançar resultados mais favoráveis.

A principal desvantagem das emoções aflitivas é que elas obscurecem a realidade. Como disse Nagarjuna:

> "Quando as emoções aflitivas e suas ações cessam, ocorre a liberação.
> As emoções aflitivas surgem das falsas concepções."

Neste contexto, falsas concepções são modos exagerados de pensar que estão em desacordo com os fatos. Mesmo que um objeto – um evento, uma pessoa ou qualquer outro fenômeno – tenha um aspecto levemente favorável, quando ele é erroneamente visto como se existisse completamente por si só, verdadeiro e real, a projeção mental exagera suas qualidades positivas além do que elas realmente são, produzindo o desejo. O mesmo acontece com a raiva e o ódio; neste caso, um aspecto negativo é exagerado, fazendo com que o objeto pareça 100% negativo, resultando em uma profunda perturbação. Recentemente, um psicoterapeuta me disse que, quando geramos raiva, 90% da negatividade do objeto de nossa raiva se deve ao nosso próprio exagero. Isso está em conformidade com a ideia budista de como as emoções aflitivas surgem.

No momento em que a raiva e o desejo são gerados, não se vê mais a realidade; em vez disso, enxergamos uma projeção mental irreal de extrema negatividade ou de extrema positividade, evocando ações distorcidas e irreais. Tudo isso pode ser evitado quando o quadro mais completo é revelado, quando se presta atenção à originação dependente dos fenômenos, ao nexo de causas e condições das quais surgem e nas quais existem.

Vistas desta forma, as desvantagens das emoções aflitivas são óbvias. Se quiser ser capaz de perceber a situação real, é preciso deixar voluntariamente de se submeter às emoções aflitivas, porque elas obstruem a percepção dos fatos em todos os âmbitos. Vistos da perspectiva do desejo ou da raiva, por exemplo, os fatos são sempre obscurecidos.

O amor e a compaixão também envolvem sentimentos fortes que podem até fazer você chorar de empatia, mas eles não são induzidos pelo exagero, mas sim pelo conhecimento válido da situação dos seres sencientes e por ser apropriado interessar-se pelo seu bem-estar. Esses sentimentos se baseiam no insight sobre como os seres sofrem no ciclo de renascimentos chamado "existência cíclica" e se aprofundam ainda mais por meio do insight sobre a impermanência e a vacuidade, como será discutido nos Capítulos 22 e 23. Embora seja possível o amor e a compaixão serem influenciados por emoções aflitivas, o amor e a compaixão verdadeiros são imparciais e desprovidos de exageros porque se baseiam na cognição válida de seu relacionamento com os outros. A perspectiva da originação dependente é extremamente útil para garantir que você aprecie um quadro mais amplo.

A DEPENDÊNCIA EM RELAÇÃO ÀS PARTES

A originação dependente também se refere ao fato de que todos os fenômenos – impermanentes e permanentes – existem na dependência de suas próprias partes. Há partes em tudo. Uma panela, por exemplo, existe na dependência de suas partes, quer consideremos partes grosseiras, como a tampa, o cabo ou a base, ou partes sutis, como moléculas. Sem suas partes essenciais, uma panela simplesmente não pode existir; não existe da maneira concreta e independente como aparenta.

E quanto às partículas atômicas que são os componentes fundamentais de objetos maiores? Eles poderiam existir sem partes? Isso também é impossível, pois se uma partícula não tivesse extensão espacial, ela não poderia se combinar com outras partículas para formar um objeto maior. Os físicos atômicos acreditam que até mesmo a partícula mais diminuta pode ser quebrada em partes menores, desde que tenhamos ferramentas poderosas o suficiente para fazer isso. Mas, ainda que encontrassem uma entidade fisicamente inquebrável, ela ainda teria extensão espacial e, portanto, partes; caso contrário, não poderia se articular com outras entidades para formar algo maior.

Reflexão meditativa

1. Traga à mente um fenômeno impermanente, como um livro.
2. Considere seu surgimento na dependência de suas partes – suas páginas e capa.
3. Verifique se a dependência com respeito às suas partes conflita com sua aparência de existir por si só.

EXAMINANDO A CONSCIÊNCIA

A consciência envolvida em observar um vaso azul não possui partes espaciais porque não é física, mas existe como um continuum de momentos. A consciência que vê um vaso azul tem momentos anteriores e posteriores em seu continuum, e estes são partes de um fluxo de consciência, por mais breve que seja.

Considere então os momentos mais breves em um continuum. Se mesmo o mais breve dos momentos não tivesse começo, meio e fim, não poderia se juntar a outros breves momentos para se tornar um continuum; seria igualmente próximo de um momento anterior e de um momento posterior e, neste caso, não haveria continuum algum.

Como disse Nagarjuna:

> "Assim como um momento tem um fim,
> deve ter também um começo e um meio.
> O começo, o meio e o fim
> devem igualmente ser analisados, como o momento."

Reflexão meditativa

1. Considere a consciência que presta atenção a um vaso azul.
2. Reflita sobre seu surgimento na dependência de suas partes – os vários momentos que constituem seu continuum.
3. Verifique se a dependência com respeito às suas partes conflita com sua aparência de existir por si só.

EXAMINANDO O ESPAÇO

Até mesmo o espaço tem partes, como o espaço associado a direções específicas, como o espaço a leste e o espaço a oeste, ou objetos particulares.

Reflexão meditativa

1. Considere o espaço em geral.
2. Reflita sobre como ele passa a existir na dependência de suas partes – norte, sul, leste e oeste.
3. Verifique se a dependência com respeito às suas partes conflita com sua aparência de existir por si só.

Além disso:

1. Considere o espaço de uma xícara.
2. Reflita sobre como ele passa a existir na dependência de suas partes – a metade superior e a metade inferior da xícara.
3. Verifique se a dependência com respeito às suas partes conflita com sua aparência de existir por si só.

5
Apreciando o raciocínio da originação dependente

"Por não haver nenhum fenômeno
que não seja uma originação dependente,
não existem fenômenos que não sejam
vazios de existência inerente."

FUNDAMENTAL WISDOM OF THE MIDDLE WAY

NAGARJUNA

Conforme explicado no capítulo anterior, todos os fenômenos, sejam impermanentes ou permanentes, são compostos por partes. As partes e o todo dependem um do outro, mas parecem ter suas próprias entidades. Se o todo e suas partes existissem da maneira que parecem existir para você, deveria ser possível apontar um todo que fosse separado de suas partes. Mas não é.

Há um conflito entre a maneira como o todo e suas partes parecem ser e a maneira como eles realmente existem, mas isso não significa que o todo não exista, porque se o todo não existisse, você não poderia falar de algo como sendo parte de alguma coisa. A conclusão deve ser que o todo existe, mas sua existência é estabelecida na dependência de suas partes – ele não existe independentemente. Como disse Nagarjuna em *Fundamental Wisdom of the Middle Way*:

> "Aquilo que surge de maneira dependente
> não é o mesmo que aquilo de que depende,
> e também não é inerentemente diferente dele.
> Portanto, não é inexistente e não existe inerentemente."

COMO FUNCIONA A INVESTIGAÇÃO DA ORIGINAÇÃO DEPENDENTE

Dependente ou independente: não há outra escolha. Quando algo é um, definitivamente não é o outro. Como dependente e independente são uma dicotomia, quando você vê que algo não pode ser independente, ou funcionar por conta própria, não há outra opção a não ser ver que é dependente. Sendo dependente, é vazio de estar sob seu próprio poder. Veja isso da seguinte maneira:

Para que uma mesa exista, ela depende de suas partes, por isso chamamos o conjunto de suas partes de base sobre a qual ela é estabelecida. Quando investigamos analiticamente para tentar encontrar esta mesa que, para a nossa mente, surge como se existisse independentemente, devemos procurá-la nessa base – pernas, parte superior e assim por diante. Mas nada dentre as partes é a mesa. Assim, essas coisas que não são mesa tornam-se mesa na dependência do pensamento; uma mesa não existe por si só.

Dessa perspectiva, uma mesa é algo que surge, ou existe, de maneira dependente. Depende de determinadas causas; depende de suas partes; e depende do pensamento. Esses são os três modos de originação dependente. Destes, um dos fatores mais importantes é o pensamento que designa um objeto.

Existir na dependência da conceituação é o significado mais sutil da originação dependente. (Hoje em dia, os físicos estão descobrindo que os fenômenos não existem objetivamente por si sós, mas existem no contexto da relação com um observador.) Por exemplo, o "eu" do Dalai Lama deve estar dentro desta área onde meu corpo está; não há outro lugar onde poderia ser encontrado. Isso é óbvio. Mas quando você investiga esta área, não consegue encontrar um "eu" que tenha sua própria substancialidade. No entanto, o Dalai Lama é um homem, um monge, um tibetano, que pode falar, beber, comer e dormir. Isso é prova suficiente de que ele existe, embora não possa ser encontrado.

Isso significa que não há nada a ser encontrado que seja o "eu", mas esse fato não implica que o "eu" não existe. Como isso seria possível? Seria um absurdo. O "eu" definitivamente existe, mas como apesar de existir não pode ser encontrado, temos que dizer que surge na dependência do pensamento. Não há nenhuma outra maneira de postulá-lo.

VACUIDADE NÃO É SINÔNIMO DE NADA

Não há dúvida de que pessoas e coisas existem; a questão é como, ou de que maneira, elas existem. Quando consideramos uma flor, por exemplo, e pensamos: "Esta flor tem uma forma bonita, uma cor bonita e uma textura agradável", parece que há algo concreto que possui essas qualidades de forma, cor e textura. Quando olhamos para essas qualidades, assim como para as partes da flor, elas parecem ser qualidades ou partes da flor, como a cor da flor, a forma da flor, o caule da flor e as pétalas da flor, como se existisse uma flor que possui essas qualidades ou essas partes.

No entanto, se a flor realmente existisse da maneira que parece existir, deveríamos ser capazes de apontar algo distinto de todas essas qualidades e partes que fosse a flor. Mas não podemos. Tal flor não é encontrada por meio de análise ou de outras ferramentas científicas, embora antes parecesse tão substancial, tão encontrável. Dado que produz efeitos, a flor certamente existe, mas quando procuramos pela flor que existe de acordo com as ideias que temos sobre ela, não é possível encontrá-la.

Algo que realmente existe por si mesmo deve se tornar mais e mais evidente à medida que é analisado – deveria ser claramente encontrado. Mas o que ocorre é o oposto. No entanto, isso não significa que não exista, pois é eficaz, produz efeitos. O fato de não ser encontrado por meio de análise indica apenas que não existe da forma como se apresenta aos nossos sentidos e aos nossos pensamentos, isto é, tão concretamente estabelecido por si só.

Se o fato de não encontrar objetos quando eles são analisados significasse que eles não existem, não existiriam seres sencientes, nem bodisatvas, nem budas, nada puro e nada impuro. Não haveria necessidade de liberação; não haveria razão para meditar sobre a vacuidade. No entanto, é óbvio que pessoas e coisas ajudam e prejudicam, que existe prazer e dor, que podemos nos libertar da dor e obter a felicidade. Seria tolice negar a existência de pessoas e coisas quando somos evidentemente afetados por elas. A ideia de que pessoas e coisas não existem é uma negação do óbvio; é uma tolice.

O iogue e erudito indiano Nagarjuna demonstra que os fenômenos são vazios de existência inerente pelo fato de serem originados de maneira dependente. Isso, por si só, é um sinal claro de que a visão de que os fenômenos não existem inerentemente não é niilista. Ele não afirma que os fenômenos são vazios em razão de não poderem operar; em vez disso, ele chama a atenção para o fato de que os fenômenos surgem na dependência de causas e condições.

Reflexão meditativa

Considere o seguinte:

1. Dependente e independente são uma dicotomia. Tudo que existe é uma coisa ou outra.
2. Quando algo é dependente, necessariamente é vazio de estar sob seu próprio poder.
3. Não podemos encontrar o "eu" em nenhuma das partes do corpo e da mente que formam a base do "eu". Portanto, o "eu" é estabelecido não por seu próprio poder, mas pela força de outras condições – suas causas, suas partes e pelo pensamento.

6
Vendo a interdependência dos fenômenos

"Realizando inteiramente a doutrina
da originação dependente,
o sábio não compartilha em absoluto
de pontos de vista extremos."

BUDA

Como, até mesmo aos nossos sentidos, os fenômenos parecem existir por si sós, embora não existam, aceitamos erroneamente a visão de que os fenômenos existem de maneira mais sólida do que realmente existem. Dessa forma, somos arrastados pelas emoções aflitivas e criamos as sementes de nossa própria ruína. Precisamos reverter esses problemas refletindo, repetidamente, sobre a natureza dependente de todas as coisas.

O IMPACTO DA ORIGINAÇÃO DEPENDENTE

Todos os fenômenos – benéficos e prejudiciais, causa e efeito, isso e aquilo – surgem e são estabelecidos na dependência de outros fatores. Como diz Nagarjuna em sua obra *A Grinalda Preciosa*:

> "Quando há isto, aquilo se origina,
> como o baixo quando há o alto.
> Devido à produção disto, aquilo se produz,
> como a luz que surge da produção de uma chama."

Nesse contexto de dependência, surgem benefício e dano, fenômenos impermanentes podem funcionar (em vez de serem apenas invenções da imaginação), e o carma – ações e seus efeitos – é factível. Você é factível e eu sou factível; não somos apenas criações mentais. Ao compreender isso, você está livre do que os budistas chamam de "extremo do niilismo", em que se chega à conclusão equivocada de que, só porque um fenômeno não pode existir de maneira independente, ele, então, não existe de forma alguma. Como disse Nagarjuna:

> "Tendo assim visto que os efeitos surgem
> das causas, afirma-se o que aparece
> nas convenções do mundo
> e não se aceita o niilismo."

Esses dois extremos – a noção exagerada de que os fenômenos existem por seu próprio poder e a negação de causa e efeito – são como abismos nos quais nossas mentes podem cair, criando perspectivas prejudiciais que exageram o status dos objetos para além de sua natureza real ou negam a própria existência de causa e efeito.

Ao cairmos no abismo do exagero, somos levados a satisfazer uma concepção de nós mesmos que excede o que realmente somos – uma façanha impossível. Ou, desabando no abismo da negação, perdemos de vista o valor da moralidade e somos levados a cometer ações terríveis que minam nosso próprio futuro.

Para sermos capazes de equilibrar a originação dependente e a vacuidade, precisamos diferenciar a existência inerente da mera existência. Também é crucial reconhecermos a diferença entre a ausência de existência inerente e a inexistência absoluta. É por isso que, quando os grandes sábios budistas da Índia ensinaram a doutrina da vacuidade, eles não usaram o argumento de que os fenômenos são vazios da capacidade de desempenhar funções. Em vez disso, eles afirmaram que os fenômenos são vazios de existência inerente porque têm originação dependente. Quando a vacuidade é compreendida dessa forma, ambos os extremos são evitados. A noção exagerada de que os fenômenos existem por si sós é evitada pela realização da vacuidade, e a negação da existência da funcionalidade é evitada através da compreensão de que os fenômenos têm originação dependente e, portanto, não são totalmente inexistentes.

Como disse Chandrakirti:

> "Essa investigação da originação dependente
> corta todas as redes de visões equivocadas."

A originação dependente é o caminho para se distanciar dos dois abismos de visões equivocadas e do sofrimento que as acompanha.

A INEXPRESSABILIDADE DA VERDADE

Certa vez, havia um estudante iniciante em um colégio monástico em Lhasa que estava tendo dificuldades para debater porque era incapaz de dar uma boa resposta quando desafiado. Então ele anunciou, para diversão de todos, que sabia todas as respostas, mas estava tendo problemas para expressá-las em palavras. Talvez nós – não conhecendo bem a vacuidade – pudéssemos simplesmente repetir a declaração que está em nossas escrituras budistas de que a perfeição da sabedoria é inconcebível e inexprimível e tentar parecer profundos! No entanto, essa afirmação significa que a realização da vacuidade, conforme *experienciada diretamente na meditação não-dualística,* não pode ser expressa em palavras; isso não significa que não se possa refletir e meditar sobre a vacuidade.

Quando dizemos, ouvimos ou pensamos sobre termos como *vacuidade* ou *verdade última,* eles nos parecem ser sujeito e objeto separados – consciência de um lado e vacuidade do outro – enquanto que, na meditação profunda, sujeito e objeto têm um só sabor; a vacuidade e a consciência que a percebe são como água vertida na água, indiferenciáveis.

SEMELHANÇA COM AS ILUSÕES

Utilizando a ferramenta da análise, não é possível encontrar um ser que transmigre de uma vida para outra, mas isso não significa que o renascimento não exista. Apesar de a independência de agente, ação e objeto não resistir à análise, ações saudáveis e prejudiciais deixam suas marcas na mente, e elas chegam à fruição nesta vida ou em uma vida futura.

Se, utilizando esse raciocínio, investigarmos uma pessoa que aparece em um sonho e uma pessoa real que vemos quando estamos acordados, não será possível encontrar nenhuma entidade autoinstituída em nenhuma dessas pessoas. Será igualmente impossível encontrá-las por meio de tal análise, mas isso não significa que não existam pessoas reais ou que uma pessoa dos sonhos seja uma pessoa real. Isso seria contrário a percepções válidas. O fato de pessoas e outros objetos não serem encontrados por meio de análise não significa que não existam, mas que não existem por si sós; eles existem devido a outros fatores. Desse modo, ser vazio de existir por si só significa depender de outros.

Reflexão meditativa

Considere o seguinte:

1. A existência inerente nunca existiu, nunca existe e nunca existirá.
2. No entanto, imaginamos que existe e, portanto, somos arrastados para emoções angustiantes.
3. A crença de que os fenômenos existem inerentemente é um extremo de exagero, um abismo assustador.
4. A crença de que fenômenos impermanentes não podem desempenhar funções, ou atuar como causa e efeito, é uma forma extrema de negação, outro abismo assustador.
5. A realização de que todos os fenômenos são vazios de existência inerente por terem originação dependente evita os dois extremos. A realização de que os fenômenos têm originação dependente evita o extremo da perigosa negação; a realização de que são vazios de existência inerente evita o extremo do perigoso exagero.

7
Apreciando a originação dependente e a vacuidade

"A interdependência de ações e seus frutos
na realização da vacuidade dos fenômenos
é mais maravilhosa do que o maravilhoso,
mais fantástica do que o fantástico."

ESSAY ON THE MIND OF ENLIGHTENMENT

NAGARJUNA

Refletir sobre como um objeto tem originação dependente – como surge na dependência de causas e condições, na dependência de suas partes e na dependência do pensamento – é de grande ajuda para superar a sensação de que ele existe por si só. No entanto, se você não entender exatamente do que os fenômenos são vazios – o que está sendo negado – no final dessa análise você terá a sensação de que o objeto não existe em absoluto.

Essa experiência fará com que os fenômenos pareçam efêmeros, como desenhos sem substância, próximos ao nada. Esse erro advém de não distinguir entre a ausência de existência *inerente* e a inexistência. A falha em fazer essa distinção torna impossível apreciar a originação dependente dos fenômenos, visto que é crucial entender que vacuidade significa originação dependente e originação dependente significa vacuidade.

A VIABILIDADE DE CAUSA E EFEITO

Precisamos ser capazes de compreender a originação dependente de todos os agentes, ações e objetos como a negação de sua existência inerente e ver que causa e efeito definitivamente existem. De fato, a prova de que um objeto é vazio de existência inerente é o fato de ter originação dependente e, assim, as dinâmicas surgidas de maneira dependente, como causa e efeito, são totalmente viáveis. A vacuidade não é um vazio absoluto que nega a existência de todos os fenômenos, mas é uma vacuidade de existência inerente. Os fenômenos são vazios desse status, e não vazios de si mesmos; uma mesa é vazia de existência inerente, e não vazia de ser uma mesa. Consequentemente, devido à vacuidade – devido à ausência de existência inerente – agente, ação e objeto são possíveis.

Desse modo, a vacuidade significa que o objeto de fato existe, mas de forma diferente da que você imaginava. Depois de ter obtido uma noção do que é a vacuidade, não é suficiente apenas alegar que os fenômenos devem existir; devemos ter uma noção clara de *como* eles existem. Você precisa saber no fundo do seu ser que realizar a originação dependente leva à realização da vacuidade, e realizar a vacuidade leva à compreensão da originação dependente.

ARGUMENTAÇÃO LÓGICA: DA VACUIDADE À ORIGINAÇÃO DEPENDENTE

Para mim, parece mais fácil entender a vacuidade analisando o fato de que pessoas e coisas têm originação dependente do que entender que um objeto tem necessariamente originação dependente devido ao fato de ser vazio de existência inerente. Mas essas são minhas reflexões.

No âmbito da falsidade, as contradições são completamente viáveis; por exemplo, uma pessoa jovem envelhece repentinamente, ou alguém que é ignorante gradualmente se transforma em um estudioso com muitos conhecimentos. Em um mundo de entidades fixas inerentemente estabelecidas, essa mudança radical não seria viável. Se uma árvore fosse verdadeiramente como é no verão, com suas folhas e frutos, as circunstâncias não poderiam afetá-la e fazer com que ela perdesse essas características no inverno. Se sua beleza fosse autoinstituída, não poderia se tornar feia devido às circunstâncias.

O que é falso pode pertencer a toda classe de coisas, ao passo que o que é verdadeiro deve ser exatamente como é. Quando a palavra de alguém não é confiável, dizemos que é falsa. O fato de os fenômenos terem uma natureza falsa é o que permite tantas mudanças, passando do bom ao mau e do mau ao bom, desenvolvendo e deteriorando. Pelo fato de que pessoas e coisas são desprovidas da veracidade de serem autoinstituídas, elas são afetadas por condições e são capazes de se transformar. Visto que a juventude não é uma verdade duradoura, pode se transformar em velhice.

Como os fenômenos, nesse sentido, são falsos, eles estão prontos para mudar a qualquer momento: os lugares se enchem de pessoas e depois perdem sua população; países em paz entram em guerra; nações se formam e desaparecem. Bem e mal, crescimento e decadência, existência cíclica e nirvana, desta forma e daquela forma: a mudança acontece de muitas maneiras. O fato de que as pessoas e os fenômenos mudam indica que, na verdade, eles não têm um status individual próprio exatamente como são; eles não são capazes de se estabelecer por si sós. Por serem destituídos de base, podem se transformar.

É assim que causa e efeito são possíveis dentro da vacuidade de existência inerente. Se os fenômenos existissem por si próprios, eles não poderiam depender de outros fatores. Sem depender de outros fatores, causa e efeito são impossíveis. Com causa e efeito, os efeitos desfavoráveis, tais como o sofrimento, podem ser evitados abandonando certas causas, como o ciúme; e os efeitos favoráveis, como a felicidade, podem ser alcançados treinando outras causas, como alegrar-se com o sucesso dos outros.

REALIZAÇÕES QUE SE APOIAM MUTUAMENTE

Lembre-se de que é preferível deixar de lado a doutrina da vacuidade por enquanto, se ela interferir na compreensão de causa e efeito. A realização da vacuidade deve incluir a causa e o efeito das ações. Se você pensar que, pelo fato de os fenômenos serem vazios, bem e mal não podem existir, será mais difícil perceber a importância da vacuidade. Você precisa apreciar a relação causa e efeito.

Objetos Especiais de Meditação

Algumas vezes, é útil tomar uma pessoa que você admira como o objeto desse tipo de análise – por exemplo, seu próprio professor ou líder espiritual a quem reverencia. À luz desses momentos em que você dá especial valor ao seu professor, você não cairá na negação de causa e efeito, uma vez que não pode negar o impacto dessa pessoa.

A vacuidade é extremamente importante porque se você a compreender completamente poderá se libertar do ciclo de emoções destrutivas e, se não entendê-la, será arrastado, como se fosse puxado pelo nariz, por emoções destrutivas que impulsionam a vida após vida de sofrimento na existência cíclica. No entanto, quando você considera que a sua vacuidade depende de você mesmo ou que a vacuidade de um carro depende do carro, aquele substrato do qual a vacuidade é uma qualidade parece quase mais importante do que a própria vacuidade.

Desse modo, pode ser útil às vezes enfatizar a aparência que é vazia de existência inerente e outras vezes enfatizar a vacuidade de existência inerente, movendo-se de uma para a outra em vez de se concentrar na vacuidade. Essa reflexão alternada ajuda a determinar tanto a originação dependente quanto a vacuidade, mostrando que a vacuidade não existe por si só de maneira isolada, mas é a própria natureza dos fenômenos. Como diz o *Sutra do Coração*: "Forma é vazio; vazio é forma".

A ausência natural de existência inerente de uma forma é a vacuidade; a vacuidade não é algo a mais, como um chapéu na cabeça. A vacuidade é a natureza, o aspecto último, da própria forma. O sábio tibetano Tsongkhapa cita uma passagem do capítulo *Kashyapa* de *Pile of Jewels*: "A vacuidade não torna os fenômenos vazios; os próprios fenômenos são vazios". Quando eu estava em Ladakh, há cerca de um ano, encontrei uma passagem semelhante no *Sutra da Perfeição da Sabedoria em Vinte e Cinco Mil Estrofes*: "A forma não se torna vazia pela vacuidade; a própria forma é a vacuidade". Fui estimulado a refletir sobre essa afirmação profunda e gostaria de compartilhar com vocês o que descobri. É um pouco complicado, por favor, tenham paciência.

Em primeiro lugar, é inegável que os objetos parecem existir por si sós, e mesmo dentro do budismo, a maioria das escolas aceita essa aparência das coisas, dizendo que se os objetos como mesas, cadeiras e corpos não existissem por si sós, não haveria maneira de afirmar que existem. Dizem que a consciência visual que apreende uma mesa, por exemplo, é válida em termos de aparência objetivamente estabelecida e, de acordo com esses sistemas, não há como uma consciência ser válida e equivocada ao mesmo tempo. No entanto, de acordo com o sistema da Escola do Caminho do Meio, que segue Chandrakirti, chamada de Escola da Consequência, que consideramos ser a descrição mais profunda de como os fenômenos existem e são percebidos, fenômenos como mesas, cadeiras e corpos simplesmente não existem por si sós; a consciência visual se engana quando apreende os objetos como se fossem estabelecidos por si mesmos, mas essa mesma consciência é válida no que diz respeito à presença dos objetos. Desse modo, uma consciência pode ser válida e equivocada ao mesmo tempo – válida com respeito à presença do objeto e sua existência, mas equivocada porque o objeto parece ter status próprio e independente.

Chandrakirti postula que os objetos parecem existir por si mesmos devido a uma abordagem equivocada da percepção comum. Na verdade, nada é estabelecido por si mesmo. Desse modo, a própria forma é vazia; não é a vacuidade que a torna vazia. O que é que é vazio? A própria forma. A própria mesa. O próprio corpo. Da mesma maneira, todos os fenômenos são vazios de existência inerente própria. A vacuidade não é algo construído pela mente; é como as coisas sempre foram, desde o princípio. Aparência e vacuidade são uma única entidade e não podem ser diferenciadas como entidades separadas.

Reflexão meditativa

Considere o seguinte:

1. Dado que pessoas e coisas têm originação dependente, são vazias de existência inerente. Por serem dependentes, elas não se auto instituem.
2. Dado que pessoas e coisas são vazias de existência inerente, elas necessariamente têm originação dependente. Se os fenômenos existissem por si mesmos, eles não poderiam depender de outros fatores, como causas, suas próprias partes ou pensamento. Uma vez que os fenômenos não são capazes de se autoestabelecer, eles podem se transformar.
3. Essas duas realizações devem trabalhar juntas, uma impulsionando a outra.

Prática enriquecedora

Compreender a argumentação lógica da originação dependente aprofundará sua análise de que o "eu" e outras coisas não são iguais ou separados das bases sobre as quais são estabelecidos. Isso também irá encorajá-lo a se envolver mais intensamente nas práticas de generosidade, moralidade, paciência e esforço, cuja essência é o amor e a compaixão. Estes, por sua vez, aumentarão sua capacidade de introspecção. Todas essas práticas precisam trabalhar juntas.

Todos nós temos mentes que são capazes de obter conhecimento; portanto, se você trabalhar nisso, ao final o conhecimento poderá ser obtido. Para isso, você precisa ler, ouvir palestras e estudar; você precisa dedicar tempo à reflexão e é necessário meditar. Uma vez que você é dotado de consciência e a vacuidade é um objeto que pode ser trazido à mente, seus esforços produzirão resultados.

PARTE III

FAZENDO BOM USO DO PODER DA CONCENTRAÇÃO E DO INSIGHT

8
Concentrando a mente

"Deixe as distrações se dissiparem
como nuvens desaparecendo no céu."

MILAREPA

Em todas as áreas do pensamento, você precisará ser capaz de analisar e, em seguida, quando tiver tomado uma decisão, precisará ser capaz de centrar firmemente sua mente. Essas duas capacidades – analisar e manter o foco – são essenciais para ver a si mesmo como realmente é. Em todas as áreas do desenvolvimento espiritual, não importando o nível em que está, você precisa de análise e foco para atingir os estados a que está aspirando, desde a busca de um futuro melhor, até o desenvolvimento da convicção na causa e efeito das ações (carma), da intenção de abandonar o ciclo de sofrimento denominado existência cíclica, o cultivo do amor e da compaixão e a realização da verdadeira natureza das pessoas e das coisas. Todas essas melhorias são realizadas na mente, mudando a forma como você pensa, transformando sua visão por meio da análise e do foco. Todos os tipos de meditação se enquadram nas categorias gerais de meditação analítica e meditação focada, também chamadas de meditação de insight e meditação do calmo permanecer.

Se sua mente estiver dispersa, ela perde poder. Distrair-se aqui e ali abre caminho para as emoções contraproducentes, levando a todo tipo de problemas. Sem uma concentração clara e estável, o insight não poderá levar ao conhecimento da verdadeira natureza dos fenômenos em todo o seu poder. Por exemplo, para ver uma pintura no escuro, você precisa de uma lâmpada bem forte. Mesmo que você tenha uma lâmpada assim, se ela ficar piscando, você não conseguirá ver os detalhes da pintura com clareza. Além disso, ainda que a lâmpada seja estável, mas fraca, você também não conseguirá enxergar bem. Você precisa de bastante clareza e estabilidade da mente, tanto do insight quanto da concentração focada, como uma lamparina que não se perturba por qualquer brisa. Como disse o Buda: "Quando sua mente se estabelece em equilíbrio meditativo, você é capaz de ver a realidade exatamente como ela é".

Não temos nada além da mente que temos hoje para realizar isso, portanto, devemos reunir as capacidades dessa mente para fortalecê-la. Um comerciante se empenha em vender para, aos poucos, acumular uma grande quantia de dinheiro; da mesma maneira, precisamos reunir e focar as capacidades da mente para compreender os fatos a fim de que a verdade possa ser assimilada com total clareza. No entanto, nós usualmente estamos distraídos, como água que escorre por toda parte, espalhando a força inata da mente em múltiplas direções, fazendo com que sejamos incapazes de ter uma percepção clara da verdade. Quando a mente não está focada, assim que algo aparece, nossa atenção é roubada;

corremos atrás desse pensamento e depois daquele pensamento, flutuantes e instáveis, sem o poder de nos concentrarmos no que queremos antes de sermos arrastados para alguma outra coisa e, assim, somos levados ao descaminho. Como disse o iogue e erudito indiano Shantideva:

> "Uma pessoa cuja mente está distraída
> vive entre as presas das emoções aflitivas."

CONCENTRAÇÃO

Apesar da distração ser o nosso estado usual neste momento, as capacidades de adquirir conhecimento que todos nós possuímos podem ser reunidas e concentradas em um objeto que desejamos compreender, como fazemos quando escutamos instruções importantes. Por meio da concentração, todas as práticas – quer seja o amor, a compaixão, a intenção altruísta de atingir a iluminação ou o insight sobre sua própria natureza e a real condição de todos os outros fenômenos – são dramaticamente aprimoradas e, assim, seu desenvolvimento é muito mais rápido e profundo.

O budismo oferece muitas técnicas para o desenvolvimento de uma forma de concentração chamada "calmo permanecer". Este poderoso estado de concentração recebe esse nome porque nele todas as distrações foram acalmadas e sua mente, por si só, permanece focada continuamente, com alegria e flexibilidade, em seu objeto interno escolhido com clareza intensa e estabilidade firme. Nesse nível de desenvolvimento mental, a concentração não requer nenhum esforço.

SUPERANDO A PREGUIÇA

A preguiça surge de várias formas, todas resultando em procrastinação, no adiamento da prática para um outro momento. Às vezes, a preguiça consiste em trocar a meditação por atividades moralmente neutras, como costurar ou pensar em como se deslocar de um lugar para outro; esse tipo de preguiça pode ser especialmente pernicioso porque esses pensamentos e atividades geralmente não são reconhecidos como problemas.

Outras vezes, a preguiça se manifesta como distração relacionada a atividades não-virtuosas, como um objeto de luxúria ou como revidar a um inimigo. Outro tipo de preguiça é a sensação de ser inadequado para a tarefa da meditação, sentindo-se inferior e desanimado: "Como alguém como eu poderia conseguir fazer uma coisa dessas!". Neste caso, você não reconhece o grande potencial da mente humana e do poder do treinamento gradual.

Todas essas formas de preguiça envolvem uma falta de entusiasmo pela meditação. Como elas podem ser superadas? A contemplação das vantagens de se obter flexibilidade mental e física gera entusiasmo pela meditação e neutraliza a preguiça. Depois de ter desenvolvido a alegria meditativa e a bem-aventurança da flexibilidade mental e física, você será capaz de permanecer em meditação pelo tempo que quiser. Nesse momento, sua mente estará completamente treinada para que você possa direcioná-la a qualquer atividade virtuosa; todas as disfunções do corpo e da mente terão sido eliminadas.

CONDIÇÕES PARA A PRÁTICA

Para iniciantes, os fatores externos podem ter um impacto considerável na meditação porque a capacidade mental interna não tem poder suficiente. Por isso, será útil limitar as atividades e dispor de um lugar tranquilo para meditar. Quando sua experiência interna tiver avançado, as condições externas não o afetarão tanto.

Nesse estágio inicial do cultivo do calmo permanecer, você precisa de um lugar saudável para praticar, longe de atividades agitadas e de pessoas que promovam o desejo ou a raiva. Internamente, você precisa desenvolver o contentamento, não ter desejos intensos por comida, roupas e assim por diante, mas sentir-se satisfeito com moderação. Você deve limitar suas atividades, dispensando a agitação. As ocupações têm de ser abandonadas. O comportamento moral é particularmente importante; ele trará relaxamento, paz e conscienciosidade. Todas essas preliminares ajudarão a reduzir as distrações grosseiras.

Quando me tornei monge, meus votos exigiam a limitação de minhas atividades externas, eu colocava mais ênfase no desenvolvimento espiritual. Essa restrição fez com que eu ficasse atento ao meu comportamento, e me levou a refletir sobre o que estava acontecendo em minha mente para ter certeza de que não estava me desviando dos meus votos. Isso significava que, mesmo quando não estava fazendo esforço intencional para meditar, eu evitava que minha mente se dispersasse e permitia que fosse constantemente dirigida à meditação interna unifocada.

As pessoas, às vezes, veem os votos de moralidade como se fossem um confinamento ou uma punição, mas isso é totalmente equivocado. Assim como fazemos uma dieta para melhorar nossa saúde e não como punição, as regras que o Buda estabeleceu têm como objetivo controlar o comportamento contraproducente e superar as emoções aflitivas porque ambos são destrutivos. Para o nosso próprio bem, restringimos as motivações e as ações que produziriam sofrimento. Por exemplo, devido a uma grave infecção estomacal que tive há alguns anos, hoje evito alimentos ácidos e bebidas geladas que, não fosse por essa razão, me agradariam. Esse regime me oferece proteção, não punição.

O Buda estabeleceu estilos de comportamento a fim de melhorar nosso bem-estar, não nos prejudicar. As regras tornam a mente propícia ao progresso espiritual.

POSTURA

A postura meditativa é importante porque, se você endireitar seu corpo, os canais de energia dentro do corpo também se endireitarão; assim, a energia que flui por esses canais se equilibra o que, por sua vez, ajudará a equilibrar sua mente e colocá-la a seu serviço. Embora a meditação possa até mesmo ser realizada na posição deitada, é preferível a postura sentada com as pernas cruzadas, observando-se os seguintes pontos:

1. Sente-se com as pernas cruzadas sobre uma almofada.
2. Cultivamos o calmo permanecer focalizando a mente em um objeto interno, não externo. Assim, com os olhos entreabertos, nem de todo abertos ou fechados, dirija o olhar relaxadamente para baixo em direção paralela à ponta do nariz; se não for confortável, mire o chão à sua frente. Deixe seus olhos ligeiramente abertos; assim, os estímulos visuais não incomodarão sua consciência mental. Depois de algum tempo, não haverá problema se seus olhos se fecharem por conta própria.
3. Mantenha sua coluna ereta, como uma flecha ou uma pilha de moedas, sem arquear para trás e dobrar para frente.
4. Mantenha os ombros nivelados e as mãos quatro dedos abaixo do umbigo, com a mão esquerda por baixo, com a palma voltada para cima, e a direita sobre a esquerda, também com a palma para cima, e os polegares se tocando na forma de um triângulo.

5. Mantenha a cabeça reta de modo que o nariz fique em linha reta com o umbigo, arqueando ligeiramente o pescoço, como um pavão.
6. Deixe a ponta da língua tocando o céu da boca próxima aos dentes da frente; mais adiante, você poderá ficar por longos períodos em meditação sem salivar. Isso também o impedirá de respirar com muita força, o que secaria a boca e a garganta.
7. Inspire e expire de maneira calma, suave e uniforme.

UMA PRÁTICA ESPECIAL DE RESPIRAÇÃO

No início de cada sessão, é útil eliminar do corpo correntes de energia contraproducentes, chamadas "ares" ou "ventos". Esta série de nove inalações e exalações, como se estivesse se desfazendo do lixo, ajuda a eliminar os impulsos de desejo ou ódio que você possa ter sentido antes da sessão.

Primeiro, inspire profundamente pela narina direita, pressionando e tampando a narina esquerda com o polegar esquerdo; em seguida, solte a narina esquerda e pressione tampando a narina direita com o dedo médio esquerdo, expirando pela narina esquerda. Faça isso três vezes. Depois, continue pressionando e tampando a narina direita com o dedo médio esquerdo e inspire profundamente pela narina esquerda; em seguida, solte a narina direita e pressione tampando a narina esquerda com o polegar esquerdo, expirando pela narina direita. Faça isso três vezes. Por fim, coloque a mão esquerda de volta ao colo, conforme já descrito, inspire profundamente pelas duas narinas e, depois, expire pelas duas narinas. Faça isso três vezes, completando um total de nove respirações. Ao inspirar e expirar, concentre-se totalmente nas inspirações e expirações, pensando, "inspirando" e "expirando", ou contando cada par de inspirações e expirações de um a dez e de dez a um. Permanecendo focado na respiração, isso por si só deixará sua mente mais leve e ampla, temporariamente livre de qualquer objeto de desejo ou ódio que possa haver, trazendo para a mente uma qualidade de frescor.

Nesse momento, traga à mente sua motivação altruísta, seu desejo de ajudar os outros, com bastante clareza; se você tivesse tentado fazer brotar uma atitude virtuosa antes, sob a influência do desejo ou do ódio, teria sido difícil, mas agora é mais fácil. Esta prática de respiração é como preparar um tecido sujo para ser tingido; depois da lavagem, a tintura será facilmente absorvida.

Concentrar toda a sua mente apenas na respiração, que está sempre com você sem que seja preciso imaginá-la, fará com que os pensamentos anteriores se dissolvam, tornando mais fácil acalmar sua mente nas etapas subsequentes.

O OBJETO

Agora, vamos considerar que tipo de objeto você deve focar enquanto pratica para alcançar o calmo permanecer. Uma vez que os efeitos das emoções destrutivas anteriores tendem a se manter no fundo da mente, qualquer tentativa de concentração pode ser facilmente interrompida. Se você já tiver determinado claramente a vacuidade da existência inerente, a imagem da vacuidade pode ser tomada como objeto de concentração; mas, no início, é difícil focar em um tema tão profundo. É provável que você precise de um objeto de atenção que enfraqueça sua emoção destrutiva predominante, seja ela o desejo, o ódio, a confusão, o orgulho ou o excesso de pensamentos. Os pontos focais usados para combater essas tendências são chamados de "objetos para purificar o comportamento".

Se a sua emoção destrutiva predominante for o desejo, ele surgirá como reação imediata até mesmo frente a uma pessoa ou coisa ligeiramente atraente. Nesse caso, você pode meditar sobre os componentes do corpo, do topo da cabeça até a planta dos pés – pele, carne, sangue, osso, medula, urina, fezes e assim por diante. Quando visto de maneira superficial, o corpo pode ser considerado bonito, mas se você olhar suas partes bem de perto, para os fins deste exercício, verá que ele não é tão bonito. Um globo ocular separado do corpo pode ser assustador. Considere todas as partes, desde os cabelos até as unhas dos pés e das mãos.

Certa vez, quando estava visitando a Tailândia, perto da porta de um mosteiro, havia fotos de um cadáver tiradas dia a dia, ao longo de muitos dias. Os estágios de decomposição eram óbvios; as fotos foram realmente úteis. Seu corpo pode parecer lindo, com um bom tom de pele, firme, mas macio ao toque; entretanto, quando você olha seus componentes de perto e reflete sobre a decomposição a qual é suscetível, você vê que sua natureza é bem diferente.

Se sua emoção destrutiva predominante é o ódio e a frustração, devido ao comportamento passado ao longo de muitas vidas, significa que você se irrita rapidamente e até perde o controle com os outros. Nesse caso, você pode cultivar o amor, desejando que aqueles que estão privados da felicidade sejam dotados de felicidade e das causas da felicidade.

Se a sua emoção destrutiva predominante é confusão e embotamento, devido, talvez, à crença de que os fenômenos ocorrem sem causas e condições, ou que o eu opera a partir do seu próprio poder, você pode meditar sobre a originação dependente dos fenômenos, sobre a dependência de suas causas. Você também pode contemplar o processo de renascimento na existência cíclica, começando com a ignorância e terminando com o envelhecimento e a morte. Qualquer um deles reduzirá a confusão de ideias errôneas e a ignorância, promovendo a inteligência.

Se sua emoção destrutiva predominante, trazida do passado, é o orgulho, você pode meditar sobre as categorias de fenômenos dentro de seu complexo mente-corpo. Prestar atenção a esses muitos fatores reduz a sensação de um eu separado deles. Além disso, quando você reflete sobre isso em detalhes, percebe que há muitas coisas que você não sabe, e isso vai esvaziando seu senso engrandecido de identidade. Hoje em dia, cientistas, como os físicos, descrevem suas próprias categorias de fenômenos, como os seis tipos de quarks – *up, down, charm, strange, top* e *bottom* – e as quatro interações – eletromagnética, gravitacional, nuclear forte e nuclear fraca. Se você pensa que sabe tudo, reflita sobre elas e seu orgulho será perfurado. Você vai acabar pensando: "Não sei nada".

Se a sua emoção aflitiva predominante é a geração excessiva de pensamentos, que faz com que fique pensando nisto e naquilo, você pode meditar sobre a exalação e a inalação na respiração conforme descrito na seção anterior. Quando sua mente se fixar à respiração, o fluxo aparentemente incessante de pensamentos, que vagueia aqui e ali, irá diminuir logo.

Se você não tem nenhuma emoção destrutiva que seja predominante, pode escolher qualquer um desses objetos.

UM OBJETO ESPECIAL

Um objeto de meditação útil para todos os tipos de personalidade é uma imagem do Buda, ou de alguma outra figura religiosa, uma vez que concentrar-se nessa imagem imbui sua mente de qualidades virtuosas. Se trouxer essa imagem à mente repetidamente e puder visualizá-la de modo nítido, ela permanecerá com você durante todas as suas atividades diárias, como se você estivesse na presença de um Buda. Quando ficar doente e sentir dor, você será capaz de evocar essa presença maravilhosa. Quando estiver morrendo, um Buda aparecerá continuamente em sua mente, e sua consciência desta vida terminará em uma atitude de vívida devoção. Isso seria benéfico, concorda?

Em sua meditação, imagine um Buda real, não uma pintura ou estátua sólida. Primeiro, você precisa conhecer bem a forma de um determinado Buda, escutando uma descrição ou contemplando uma imagem ou uma estátua, se familiarizando para que uma imagem dela apareça em sua mente. Para um iniciante, a consciência mental se espalha com facilidade aqui e ali por todos os tipos de objeto, mas, você sabe, por experiência própria, que se contemplar um objeto, como uma flor, essa dispersão diminuirá. Da mesma forma, quando você contempla uma imagem do Buda com os olhos, a dispersão reduzirá e, então, gradualmente, você poderá fazer com que a imagem apareça em sua mente.

Imagine o objeto religioso na altura de suas sobrancelhas, cerca de um metro e meio à sua frente, entre um e dez centímetros de altura. Quanto menor o objeto, maior será o foco da sua mente; deve ser claro e brilhante, que emita luz, mas seja denso. O brilho ajudará a evitar que o modo de percepção da mente seja muito impreciso; a densidade ajudará a evitar que a mente se disperse para outros objetos.

A natureza e o tamanho do objeto devem se manter durante o cultivo do calmo permanecer. Isso não deve ser alterado, ainda que com o tempo a imagem possa mudar em tamanho, cor, forma, posição ou até mesmo em número. Traga sua mente de volta ao objeto original.

Se você se esforçar demais para tornar o objeto brilhante e claro, isso irá interferir na sua prática; o ajuste constante do brilho impedirá o desenvolvimento da estabilidade. A moderação é necessária. Assim que o objeto surgir, mesmo que vagamente, permaneça com ele. Mais adiante, quando o objeto estiver estável, você pode ajustar de modo gradual seu brilho e clareza sem perder a imagem original.

Reflexão meditativa

1. Observe cuidadosamente a imagem de um Buda ou alguma outra figura ou símbolo religioso, observando sua forma, cor e detalhes.
2. Pratique para fazer com que essa imagem apareça internamente à sua consciência, imaginando-a na altura de suas sobrancelhas, cerca de um metro e meio à sua frente, com um a dez centímetros de altura (quanto menor, melhor) e brilhando intensamente.
3. Considere a imagem como sendo real, dotada de qualidades magníficas de corpo, fala e mente.

9
Ajustando sua mente para a meditação

Um monge chamado Shrona estava tentando meditar,
mas sua mente ficava muito tensa ou muito frouxa.
Ele pediu um conselho ao Buda.
O Buda perguntou: "Quando você era chefe de família,
você não tocava violão lindamente?".
"Sim, de fato."
"O violão soava bem quando você esticava muito as cordas,
ou quando você as afrouxava demais?".
"Não, nem uma coisa nem outra.
Precisava ajustar as cordas com moderação."
"Aqui também. Para meditar, você precisa moderar
a tensão e a frouxidão de sua mente."

PALAVRAS DO MEU PROFESSOR PERFEITO

PATRUL RINPOCHE

Você está buscando desenvolver uma mente meditativa que seja límpida, em que a consciência seja brilhante e alerta. Você também está buscando a estabilidade de ser capaz de se concentrar exclusivamente no objeto. Estas são as duas qualidades mentais de que você precisa: *clareza intensa e estabilidade inabalável.*

O que impede que tais qualidades surjam? A lassidão, quando a mente se afrouxa demais, impede o desenvolvimento da clareza, e a agitação – quando a mente está muito tensa – impede a manutenção do foco no objeto.

LASSIDÃO

Existem formas grosseiras, sutis e muito sutis de lassidão. Na lassidão grosseira, o objeto não fica totalmente claro e é como se a mente estivesse afundada ou empurrada para baixo. Na lassidão sutil, a mente permanece focada no objeto, mas falta a clareza intensa. Na lassidão muito sutil, falta um pouco de intensidade, e a mente fica um pouco frouxa.

A lassidão ocorre quando a mente é recolhida para dentro no processo de desenvolvimento da meditação. Não se trata de letargia, onde a mente e o corpo se tornam pesados e inúteis devido ao embotamento e que pode ocorrer até mesmo quando se está prestando atenção a um objeto externo. Na letargia, seu corpo e sua mente ficam pesados, aprisionados na escuridão. Parece repousante, não é? Brincadeira.

AGITAÇÃO

A agitação é um estado mental estimulado, na maioria das vezes, devido à atração por um objeto externo de desejo. Também pode ser qualquer dispersão da mente, seja devido a um novo objeto virtuoso, como a caridade; não-virtuoso, como a luxúria; ou neutro, como costurar. Existem formas grosseiras e sutis de agitação. Na agitação grosseira, você esquece o objeto de sua meditação e se perde em outros pensamentos. Embora na agitação sutil o objeto não seja perdido, parte da sua mente está envolvida em pensamentos que se movem rapidamente, como a água fluindo sob a superfície congelada de um rio.

Entre as sessões de meditação, é importante restringir seus sentidos, comer uma quantidade moderada de alimento e manter a introspecção consciente do corpo e da mente. Caso contrário, isso pode servir como causa de frouxidão e excitação. Dormir demais geralmente leva à lassidão, ao passo que ter expectativas irreais sobre os prazeres da vida leva à agitação.

DURAÇÃO DA SESSÃO

Se você estiver enfrentando a interferência da lassidão ou da agitação na concentração e não estiver conseguindo neutralizá-las, em vez de persistir obstinadamente em longas sessões de meditação, tente fazer sessões curtas, mas frequentes. Quando seu desempenho melhorar e esses problemas se reduzirem, faça sessões mais longas.

Se o problema for a lassidão, meditar em um lugar alto e ao alvorecer ajuda. Logo depois que você acorda, seus sentidos ainda não estão muito ativos, mas o poder do pensamento está presente. E como os órgãos dos sentidos ainda não estão funcionando, você terá menos distrações. Em minha própria experiência, o amanhecer é a ocasião em que minha mente está mais clara e mais nítida.

ATENÇÃO PLENA E INTROSPECÇÃO

O cultivo da atenção plena é uma técnica para manter sua mente continuamente fixada no objeto de sua meditação. É o antídoto para o esquecimento. Como os iniciantes têm essa habilidade pouco desenvolvida, você precisa treiná-la e aprimorá-la trazendo a mente de volta ao objeto repetidas vezes.

Verifique com assiduidade se sua mente está concentrada no objeto ou não. Fazendo isso repetidas vezes, você notará de imediato quando sua mente se distrair com outra coisa. Chegará o momento em que você perceberá quando sua mente estiver prestes a se desviar do objeto e será capaz de mantê-la focada. Essa habilidade é atenção plena.

A técnica para reconhecer se a lassidão ou a agitação estão impedindo a mente de desenvolver clareza e estabilidade é chamada de "introspecção". Esta inspeção frequente para verificar se o objeto está claro e estável não é feita com muita intensidade, mas como se fosse feita paralelamente, para não interferir com o foco da mente no objeto.

Na verdade, para atingir uma atenção plena poderosa, você precisa monitorar a permanência do foco no objeto, mas a principal função da introspecção neste estágio é verificar se a mente está sob a influência da lassidão ou da agitação, e não apenas se está focada no objeto. Como disse o iogue e erudito indiano Bhavaviveka:

> "O elefante da mente que vagueia descontroladamente
> deve ser amarrado com segurança com a corda da atenção plena
> ao pilar de um objeto de meditação,
> e, gradualmente, deve ser domado com o gancho da sabedoria".

Por meio da sua própria experiência, você precisa reconhecer quando o estado da mente na meditação está muito agitado ou frouxo demais e determinar a melhor prática para ajustá-lo, como será explicado nas próximas duas seções. Conforme a sua capacidade de introspecção se desenvolve, você sentirá internamente qual é o nível certo de tensão, como afinar uma corda de violão até que o equilíbrio certo seja encontrado, nem muito agudo nem muito grave. Ao final, como resultado de sua própria experiência acumulada, você será capaz de detectar a lassidão e a agitação imediatamente antes que surjam e poderá implementar as técnicas que previnem o seu surgimento, tensionando ou afrouxando o modo como a mente apreende o objeto.

Reflexão meditativa

1. Posicione sua mente no objeto de meditação.
2. Utilizando a introspecção, verifique de vez em quando se sua mente permanece ou não no objeto.
3. Quando perceber que ela se desviou, lembre-se do objeto e concentre-se novamente nele quantas vezes forem necessárias. Desta forma, você desenvolverá as faculdades de atenção plena e introspecção.

APLICANDO OS REMÉDIOS

Quando, por meio da introspecção, você percebe que sua mente está sob a influência de frouxidão ou excitação, ou tem a sensação de que elas estão prestes a surgir, precisa aplicar os remédios imediatamente. Não é suficiente apenas notar esses problemas sem neutralizá-los. Lembre-se de que a omissão de aplicar remédios é, em si, um problema; certifique-se de implementá-los. Não cometa o erro de presumir que esses problemas não são importantes ou que você não poderia evitá-los.

REMÉDIOS PARA LASSIDÃO

Na lassidão causada pelo retraimento interno excessivo, a mente fica relaxada demais, a intensidade e a tensão enfraquecem. A sensação de peso da mente e do corpo podem levar ao embotamento o que, por sua vez, pode levar à perda do objeto de observação, como se você tivesse caído na escuridão; você pode até mesmo cair no sono. Quando a lassidão começa a ocorrer, é preciso reavivar a mente, aplicando um pouco mais de tensão.

Se você precisar de outra técnica para intensificar a vivacidade da mente, ilumine ou eleve o objeto de meditação ou preste mais atenção aos seus detalhes; observe o arco das sobrancelhas na imagem do Buda, se esse for o seu objeto. Se isso não funcionar, ainda em meditação, deixe um pouco de lado o objeto de meditação e pense sobre um tema que traga alegria, como as maravilhosas qualidades do amor e da compaixão, ou a extraordinária oportunidade que uma vida humana oferece para a prática espiritual. Se isso não funcionar e você ainda estiver sentindo lassidão grosseira ou letargia, interrompa a meditação e vá para um lugar mais elevado, ou um lugar aberto onde haja uma vista mais ampla. Essas técnicas farão com que sua mente exaurida se intensifique e se aguce.

REMÉDIOS PARA AGITAÇÃO

Nos momentos em que sua mente estiver agitada, em que você tentou afrouxar a tensão da mente mas não conseguiu, você precisa de outra técnica para centrá-la. Nesse momento, abaixar o objeto e imaginá-lo mais pesado pode ajudar. Se isso não funcionar, sem interromper a prática, deixe o objeto de meditação de lado temporariamente e pense sobre um assunto que traga sobriedade, como a ignorância, que conduz aos sofrimentos da existência cíclica ao nos colocar sob a influência de emoções destrutivas. Ou você pode refletir sobre a iminência da morte. Pensar sobre as desvantagens do objeto para o qual sua atenção se desviou e as desvantagens da própria distração também pode ajudar. Essas reflexões farão com que a tensão excessiva da mente afrouxe um pouco, permitindo que você possa manter a mente no objeto de concentração. Quando isso acontecer, retorne imediatamente ao objeto original. Às vezes, percebo que, se meu tempo para meditação for limitado por causa de algum trabalho que tenho a fazer, esse senso de urgência promove um maior esforço e, dessa maneira, a atenção plena se fortalece.

ABANDONANDO OS REMÉDIOS

Depois de aplicar um remédio com sucesso, é importante parar de aplicá-lo e voltar toda a sua atenção ao objeto da meditação. A própria aplicação excessiva de antídotos para a lassidão e a agitação, depois que essas falhas desaparecem, interrompe a estabilização que você busca alcançar. Nesse momento, é crucial parar de aplicar os remédios e permanecer apenas no objeto, verificando de vez em quando se a agitação ou a lassidão estão prestes a reaparecer.

Mais tarde, quando você tiver desenvolvido bastante habilidade na meditação e não houver mais o perigo de surgir muita lassidão ou muita tensão e, ainda assim, você continuar se preocupando com a possível necessidade de aplicar os remédios, isso irá interferir no desenvolvimento da concentração unifocada. Mas não deixe de prestar atenção a esses problemas cedo demais. Descreverei na próxima seção em que momento isso é apropriado.

ESTÁGIOS DE PROGRESSO NO DESENVOLVIMENTO DO CALMO PERMANECER

Os ensinamentos budistas descrevem nove estágios de progresso que levam, de fato, ao calmo permanecer. Estes são um mapa da meditação, que indica onde você está e o que precisa fazer para avançar.

ESTÁGIO 1: POSICIONANDO A MENTE NO OBJETO

Após ouvir ou ler instruções sobre como posicionar a mente em um objeto de meditação, pode ser que você não consiga manter o foco e sinta que está em meio a uma cachoeira de pensamentos, um após o outro. Nesse caso, você está no primeiro estágio.

O número excessivo de pensamentos pode trazer a impressão de que tentar meditar os faz aumentar, mas você está apenas percebendo a extensão de suas próprias divagações, que antes não percebia. Tentar manter a atenção plena faz com que você perceba o que está acontecendo.

ESTÁGIO 2: POSICIONAMENTO PERIÓDICO

Quando você aplica energicamente a atenção plena e se pergunta vez após vez: "Estou centrado no objeto?", você se torna capaz de manter sua mente no objeto por breves períodos, embora ainda haja mais distração do que atenção no objeto. Este é o segundo estágio, durante o qual os pensamentos divagantes às vezes dão um descanso e às vezes surgem de repente. Os principais problemas durante os dois primeiros estágios se devem à preguiça e ao esquecimento do objeto, mas a lassidão e a agitação também impedem que a atenção meditativa seja estável e contínua. Durante os primeiros dois estágios, você trabalha para posicionar sua mente no objeto; mais tarde deverá mantê-la ali.

ESTÁGIO 3: RETRAINDO E RESTABELECENDO

Conforme você passa a reconhecer a distração de forma gradual, por meio da atenção plena, você se torna capaz, cada vez mais rapidamente, de trazer a atenção de volta ao objeto quando ela vagueia, como se colocasse um remendo em um tecido. A atenção plena agora amadureceu, a ponto de você reconhecer a distração logo que surge.

ESTÁGIO 4: MANTENDO A PROXIMIDADE

Quando, devido ao amadurecimento completo da atenção plena, você é capaz de remediar imediatamente a preguiça e o esquecimento, passa então para o quarto estágio, em que você não se esquece mais do objeto. A agitação grosseira cessou, mas suas versões sutis persistem, interferindo de vez em quando, mas sem fazerem com que você perca o objeto. Nos três primeiros estágios, a preguiça e o esquecimento eram os principais problemas; agora são a lassidão e a agitação.

ESTÁGIO 5: DISCIPLINANDO A MENTE

A introspecção agora se torna mais forte e, por meio de sua própria experiência, você reconhece as vantagens da estabilidade meditativa; a lassidão grosseira não surge mais. A mente está se retirando dos objetos externos em demasia; torna-se necessário aplicar remédios para a lassidão sutil, aumentando, assim, a vivacidade da mente.

ESTÁGIO 6: PACIFICANDO A MENTE

Aplicando remédios para a lassidão sutil, você atinge o sexto estágio. A introspecção se desenvolveu completamente e, por meio de sua própria experiência, você reconhece as falhas da dispersão em pensamentos e emoções destrutivos; a lassidão sutil não representa grande perigo. No entanto, esses mesmos remédios para superar a lassidão sutil, que aumentam a vivacidade da mente, podem levá-lo a um excesso de vigor, e há agora o perigo de gerar uma agitação sutil.

ESTÁGIO 7: PACIFICANDO A MENTE POR COMPLETO

Aplicando os remédios para a agitação sutil, você chega ao sétimo estágio. Assim que o desejo, a dispersão, a lassidão, a letargia e coisas semelhantes são produzidos até mesmo de forma sutil, você os abandona aplicando esforço. Agora você não precisa mais se preocupar em ficar sob a influência da lassidão sutil e da agitação. O esforço agora é capaz de interromper a lassidão e a agitação e, dessa forma, elas não prejudicam sua concentração, mesmo que causem pequenas interrupções.

ESTÁGIO 8: TORNANDO A MENTE UNIFOCADA

Agora, o poder do esforço amadureceu completamente e, assim, com um pequeno esforço no início da sessão, a lassidão e a agitação não aparecem mais durante toda a sessão, e você é capaz de manter a estabilidade meditativa sem interrupção. Não é mais necessário verificar se a lassidão ou a agitação estão prestes a surgir. Esse esforço pode ser abandonado, mas isso não significa perder a intensa nitidez com que percebe o objeto.

ESTÁGIO 9: A MENTE ESTABELECIDA EM EQUILÍBRIO

Agora que você conquistou o poder da familiaridade com este treinamento, o esforço de aplicar a atenção plena e a introspecção não é mais necessário, e a mente se estabelece no objeto por conta própria; o nono estágio é espontâneo. Quando no início de uma sessão você fixa sua mente no objeto, a estabilidade meditativa é mantida sem interrupção por um longo tempo por si só, sem a necessidade de contar nem mesmo com o leve esforço inicial exigido no estágio anterior. Agora você não precisa mais aplicar remédios para nenhum tipo de lassidão ou agitação.

CARACTERÍSTICAS DO CALMO PERMANECER

O nono estágio, apesar de ser espontâneo, ainda precede o estágio do calmo permanecer. Avançando no cultivo da atenção unifocada, livre dos defeitos da lassidão e da agitação, gera-se a flexibilidade da mente e do corpo.

Primeiro, seu cérebro parece ficar pesado, embora não de uma maneira desagradável. Além disso, uma sensação de formigamento é sentida no topo da cabeça, como a sensação de uma mão quente colocada na cabeça depois de ela ter sido raspada. Este é um sinal de que a *flexibilidade mental* que elimina as disfunções mentais que impediam o foco meditativo completamente natural está prestes a ser gerada. É um estado de leveza mental gerado apenas pela meditação, em que a mente permanece alegremente focada em seu objeto.

Essa flexibilidade mental faz com que uma energia favorável circule por todo o corpo, produzindo *flexibilidade física*, removendo todas as disfunções e os desconfortos físicos que levam à fadiga e à falta de entusiasmo para a meditação. Seu corpo parece leve, como algodão. Essa flexibilidade física gera imediatamente a *bem-aventurança da flexibilidade física*, uma sensação de conforto que permeia todo o corpo. Agora você pode usar seu corpo em atividades virtuosas da forma que desejar.

Esse prazer físico leva ao prazer mental, denominado "bem-aventurança da flexibilidade mental", em que a mente se enche de uma alegria que, a princípio, é um pouco exagerada, mas que, aos poucos, se torna mais estável. Nesse momento, você atinge a *flexibilidade que não se altera*. Isso marca o atingimento do verdadeiro calmo permanecer. Antes disso, você tem apenas uma experiência que se assemelha ao calmo permanecer.

Quando a verdadeira calma é plenamente atingida, sua mente está concentrada o suficiente para purificar emoções destrutivas quando se une ao insight. Ao entrar em equilíbrio meditativo, a flexibilidade mental e física é rapidamente gerada, e é como se sua mente se fundisse com o próprio espaço. Ao sair da meditação, seu corpo parece novo e alguns aspectos da flexibilidade mental e física permanecem. Fora da meditação, sua mente permanece firme como uma montanha e tão clara que dá a impressão de que seria possível contar as partículas de uma parede; as emoções contraproducentes são menos frequentes e você permanece, em grande medida, livre do desejo de imagens, sons, odores, sabores e toques agradáveis, e também livre de intenções prejudiciais, letargia, sonolência, agitação, arrependimento e dúvida. Além disso, o sono facilmente se transforma em meditação, na qual você tem muitas experiências maravilhosas.

Reflexão meditativa

1. Para combater a lassidão, que é uma maneira muito solta de perceber o objeto meditativo:
    - Primeiro tente aplicar um pouco mais de tensão na maneira de manter a atenção no objeto;
    - Se isso não funcionar, ilumine ou eleve o objeto ou preste mais atenção aos seus detalhes;
    - Não dando certo, deixe o objeto escolhido de lado por uns instantes e pense em um tema alegre, como as maravilhosas qualidades do amor e da compaixão ou a maravilhosa oportunidade que uma vida humana oferece para a prática espiritual;
    - Se isso não funcionar, interrompa a prática e vá para um lugar alto ou onde haja uma vista ampla.
2. Para remediar a agitação, que é uma forma muito tensa de perceber o objeto meditativo:
    - Primeiro, tente relaxar um pouco a sua maneira de imaginar o objeto.
    - Se isso não funcionar, abaixe o objeto em sua mente e imagine-o como se fosse mais pesado.

- Caso não dê certo, deixe o objeto de lado e pense por uns instantes em um assunto que o deixe mais sóbrio, como a ignorância que provoca os sofrimentos da existência cíclica, ou a iminência da morte, ou as desvantagens do objeto para o qual sua atenção se desviou e as desvantagens da própria distração.

Aprendendo essas técnicas, você desenvolverá gradualmente a capacidade de aplicá-las quando identificar os problemas com a qualidade da sua atenção durante a meditação.

PARTE IV

COMO PÔR FIM AO AUTOENGANO

10
Meditando primeiro sobre si mesmo

"Por meio de um, todos são conhecidos.
Por meio de um, todos também são vistos."

Buda

Uma vez que é a pessoa individual que sente prazer e dor, cria problemas e acumula carma – todo o barulho e toda a bagunça que o "eu" faz –, a análise deve começar por você mesmo. Mais adiante, quando você compreender que essa pessoa não tem existência inerente, você pode estender essa realização às coisas que você gosta, experimenta e das quais faz uso. Nesse sentido, a pessoa é o principal.

É por isso que Nagarjuna primeiro apresenta a ausência de essência de pessoas e então a utiliza como um exemplo da ausência de essência dos fenômenos. Em *A Grinalda Preciosa*, Nagarjuna disse:

> "Uma pessoa não é terra, não é água,
> não é fogo, não é vento, não é espaço,
> não é consciência, e nem todos eles.
> Que pessoa existe além disso?
> Assim como devido a ser estabelecida na dependência de uma agregação dos seis componentes
> uma pessoa não é estabelecida como tendo sua própria realidade,
> por ser configurada na dependência de uma agregação
> cada um dos componentes também não é estabelecido como tendo sua própria realidade."

Assim como uma pessoa não existe inerentemente porque depende de um conjunto dos seis componentes – terra (as substâncias sólidas do corpo), água (fluidos), fogo (calor), vento (energia, movimento), espaço (os lugares vazios no corpo) e consciência – os componentes também não existem inerentemente porque, por sua vez, cada um é estabelecido na dependência de suas próprias partes.

Os exemplos são mais fáceis de entender do que o que eles exemplificam. O Buda fala sobre isso no *Sutra Rei das Meditações*:

> "Assim como compreendeu a falsa discriminação de si mesmo,
> aplique isso mentalmente a todos os fenômenos.
> Todos os fenômenos são completamente desprovidos
> de existência inerente própria, como o espaço.
> Por meio de um, todos são conhecidos.
> Por meio de um, todos também são vistos."

Quando você sabe bem como o "eu" realmente é, compreende todos os fenômenos internos e externos usando o mesmo raciocínio. Vendo como um fenômeno – você mesmo – existe, também pode conhecer a natureza de todos os outros fenômenos. É por isso que o método de meditação começa por empenhar-se para gerar a realização da ausência de existência inerente de si próprio e, em seguida, trabalhar para ter a mesma realização com relação a outros fenômenos.

Reflexão meditativa

Considere o seguinte:

1. A pessoa está no centro de todos os problemas;
2. Portanto, é melhor trabalhar primeiro para entender sua verdadeira natureza;
3. Depois disso, essa realização pode ser aplicada à mente, corpo, casa, carro, dinheiro e todos os outros fenômenos.

11
Obtendo a realização de que você não existe em si mesmo e por si só

“Assim como uma carruagem é designada
na dependência de coleções de partes,
um ser senciente, convencionalmente,
também é estabelecido na dependência
dos agregados mentais e físicos.”

BUDA

No budismo, o termo “eu” (*self*) tem dois significados que devem ser diferenciados para evitar confusão. Um dos significados de eu é “pessoa” ou “ser vivo”. Este é o ser que ama e odeia, que realiza ações e acumula carma positivo e negativo, que experiencia os frutos dessas ações, que renasce na existência cíclica, que cultiva caminhos espirituais e assim por diante.

O outro significado de "eu" está implicado no termo ausência de eu, e se refere a um estado de existência falsamente imaginado e excessivamente concreto denominado "existência inerente". A ignorância que se combina a tal exagero é, na verdade, a fonte da destruição, a mãe de todas as atitudes equivocadas, que talvez possamos até considerar diabólicas. Ao observar o "eu" que depende dos atributos mentais e físicos, esta mente o exagera e o vê como se fosse inerentemente existente, apesar do fato de que os elementos mentais e físicos observados não contêm nenhum ser tão exagerado.

Qual é a condição verdadeira de um ser senciente? Assim como um carro existe na dependência de suas peças, como rodas, eixos e assim por diante, um ser senciente é convencionalmente estabelecido na dependência da mente e do corpo. Não existe nenhuma pessoa separada da mente e do corpo e nem dentro da mente e do corpo.

APENAS NOME

Esta é a razão pela qual o "eu" e todos os outros fenômenos são descritos no budismo como "apenas nome". O significado disso não é que o "eu" e todos os outros fenômenos sejam apenas palavras, uma vez que as palavras correspondentes a esses fenômenos, de fato, se referem a objetos reais. Significa que esses fenômenos não existem por si sós; o termo *apenas nome* elimina a possibilidade de que sejam estabelecidos por parte do próprio objeto. Precisamos desse lembrete porque o "eu" e outros fenômenos não parecem ser meramente estabelecidos pelo nome e pelo pensamento. Pelo contrário.

Por exemplo, dizemos que o Dalai Lama é um monge, um ser humano e um tibetano. Não parece que você está dizendo isso não com respeito ao corpo ou à mente dele, mas sobre algo separado? Se você não parar para pensar sobre isso, parece que existe um

Dalai Lama que é separado de seu corpo e independente até de sua mente. Ou pense sobre si mesmo. Se seu nome é Jane, por exemplo, dizemos, "o corpo da Jane, a mente da Jane", e parece então que há uma Jane que possui uma mente e um corpo, e uma mente e corpo que são da Jane.

Como você pode compreender que essa perspectiva está errada? Concentre-se no fato de que não há nada na mente e no corpo que possa ser "eu". Mente e corpo são vazios de um "eu" tangível. Em vez disso, assim como um carro depende de suas partes e nem mesmo é a soma de suas partes, o "eu" depende da mente e do corpo. Um "eu" que não depende da mente e do corpo não existe, ao passo que um "eu" que é compreendido como sendo dependente da mente e do corpo existe de acordo com as convenções do mundo. Compreender este tipo de "eu" que não pode ser encontrado na mente e no corpo e que tampouco é a soma da mente e do corpo, mas que existe apenas através do poder de seu nome e de nossos pensamentos, é bastante útil para vermos como realmente somos.

QUATRO ETAPAS PARA A REALIZAÇÃO

Existem quatro etapas principais para a obter a realização de que você não existe da maneira que pensa que existe. Vou discuti-las primeiro de maneira breve e depois em detalhes.

O *primeiro passo* é identificar as crenças baseadas na ignorância que devem ser refutadas. Isso é necessário porque quando realiza uma análise buscando a si mesmo dentro da mente e do corpo ou separado da mente e do corpo, e não encontra, você pode concluir erroneamente que você não existe, em absoluto.

Como, para a nossa mente, o "eu" parece ser estabelecido por si só, quando usamos a análise para tentar encontrá-lo e ele não é encontrado, parece que o "eu" não existe de forma alguma, ao passo que é apenas o "eu" independente, o "eu" inerentemente existente que não existe. Existe o perigo de tropeçar na negação e no niilismo e, por isso, esse primeiro passo de entender o que está sendo negado na ausência do "eu" é crucial.

Como parece ser o "eu" que surge na sua mente? Não parece existir pela força do pensamento; em vez disso, parece existir de forma mais concreta. Você precisa perceber e identificar esse modo de apreensão. Esse é o seu alvo.

O *segundo passo* é determinar que, se o "eu" existe da maneira que parece ser, deve ser a união de mente e corpo ou separado de mente e corpo. Depois de verificar que não existem outras possibilidades, nas duas etapas finais você analisa para verificar se o "eu" e o complexo mente-corpo podem ser uma entidade inerentemente estabelecida ou diferentes entidades inerentemente estabelecidas.

Como discutiremos nas seções seguintes, por meio da meditação você compreenderá de maneira gradual que existem falácias em que o "eu" é qualquer uma dessas coisas. Nesse momento, você pode perceber prontamente que um "eu" inerentemente existente é infundado. Esta é a realização da ausência de "eu". Quando você compreende que o "eu" não existe inerentemente, é fácil compreender que o que é "meu" também não existe de modo inerente.

O PRIMEIRO PASSO: IDENTIFICANDO O ALVO

Em geral, o que quer que apareça em nossas mentes, parece existir por si só, independentemente do pensamento. Quando prestamos atenção a um objeto – seja você mesmo, outra pessoa, corpo, mente ou uma coisa material – aceitamos como ele parece ser como se fosse sua condição final, interna e real. Isso pode ser visto com clareza em momentos de estresse, como quando alguém o critica por algo que você não fez: "Você arruinou isso e aquilo".

De repente, você pensa muito com todo vigor: "Eu não fiz isso!". Talvez você até grite isso para o acusador.

Como o "eu" aparece em sua mente nesse momento? Como esse "eu" que você tanto valoriza e preza parece existir? Como você o apreende? Refletindo sobre essas questões, você pode ter uma noção de como a mente de forma natural e inata apreende o "eu" como se ele existisse por si só, inerentemente.

Vejamos outro exemplo. Quando você descobre que esqueceu de fazer algo importante que deveria ter feito, pode ser que fique com raiva de sua própria mente: "Ah, como minha memória é horrível!". Quando você fica com raiva de sua própria mente, o "eu" que está com raiva e a mente da qual você está com raiva parecem estar separados um do outro.

A mesma coisa acontece quando você fica aborrecido com seu corpo, ou com uma parte dele, como sua mão. O "eu" que está com raiva parece ter existência própria, por si só, separado do corpo do qual você está com raiva. Nessas ocasiões, você é capaz de observar como o "eu" parece existir por si só, como se ele se autoinstituísse, como se pudesse se estabelecer por meio de sua própria natureza. Para essa consciência, o "eu" não parece estar estabelecido na dependência da mente e do corpo.

Você consegue se lembrar de um momento em que fez algo horrível e sua mente pensou: "Eu realmente estraguei tudo?". Naquele momento, você se identificou com uma sensação de "eu" que tem sua própria entidade concreta que não é mente nem corpo, mas algo que aparece com muito mais força.

Ou lembre-se de um momento em que fez algo maravilhoso ou quando algo realmente bom aconteceu com você, sentindo muito orgulho disso. Esse "eu" que é tão valorizado, tão adorado, tão querido e é o objeto de tanta autoimportância era muito concreto e muito nítido. Nesses momentos, nossa experiência de "eu" fica particularmente óbvia.

Depois de perceber uma manifestação assim flagrante, você pode fazer com que essa forte sensação de "eu" apareça em sua mente e, sem permitir que a forma como ela aparece perca força, pode examinar, como se estivesse a distância, se ele existe na forma sólida como parece. No século XVII, o Quinto Dalai Lama falou sobre isso com grande clareza:

> "Às vezes, o 'eu' parecerá existir no contexto do corpo. Às vezes, parecerá existir no contexto da mente. Às vezes, parecerá existir no contexto dos sentimentos, das discriminações ou outros fatores. Depois de perceber uma variedade de aparências, você identificará um "eu" que existe por si mesmo, que existe inerentemente, que desde o início se autoestabeleceu, existindo sem se distinguir da mente e do corpo, que também estão misturados como leite e água. Este é o primeiro passo, a determinação do objeto a ser negado na visão da ausência de 'eu'. Você deve trabalhar nisso até que surja uma experiência profunda."

As três etapas restantes, que serão discutidas nos três capítulos seguintes, visam levar à compreensão de que esse tipo de "eu" em que tanto acreditamos e que dirige uma parte tão significativa do nosso comportamento é, na verdade, uma invenção da imaginação. Esse "eu" sólido não existe em absoluto. Para que as etapas subsequentes funcionem, é crucial identificar e permanecer com esse forte senso de um "eu" que se autoinstitui.

Reflexão meditativa

1. Imagine que outra pessoa o critica por algo que você realmente não fez, apontando o dedo para você e dizendo: "Você arruinou isso e aquilo";
2. Observe sua reação. Como o "eu" aparece em sua mente?
3. De que forma você o apreende?
4. Observe como aquele "eu" parecia existir por si mesmo, autoinstituído, estabelecido por sua própria natureza.

E também:

1. Lembre-se de um momento em que você estava farto de sua mente, como quando esqueceu de fazer algo.
2. Reveja seus sentimentos. Como o "eu" apareceu em sua mente naquele momento?
3. De que forma você o apreendeu?
4. Observe como aquele "eu" parecia existir por si mesmo, autoinstituído, estabelecido por sua própria natureza.

Além disso:

1. Lembre-se de um momento em que você estava farto do seu corpo, ou de alguma característica dele, como o cabelo.
2. Observe seus sentimentos. Como o "eu" apareceu em sua mente naquele momento?
3. De que forma você o apreendeu?
4. Observe como esse "eu" parece existir por si mesmo, autoinstituído, estabelecido por sua própria natureza.

E também:

1. Lembre-se de um momento em que você fez algo horrível e pensou: "Eu realmente estraguei tudo".
2. Reflita sobre seus sentimentos. Como o "eu" apareceu em sua mente naquele momento?
3. De que forma você o apreendeu?
4. Observe como aquele "eu" parecia existir por si mesmo, autoinstituído, estabelecido por sua própria natureza.

Também:

1. Lembre-se de uma ocasião em que você fez algo maravilhoso e se sentiu muito orgulhoso.
2. Examine seus sentimentos. Como o "eu" apareceu em sua mente naquele momento?
3. De que forma você o apreendeu?
4. Observe como aquele "eu" parecia existir por si mesmo, autoinstituído, estabelecido por sua própria natureza.

Além disso:

1. Lembre-se de uma ocasião em que algo maravilhoso aconteceu com você que lhe trouxe grande prazer.
2. Observe seus sentimentos. Como o "eu" apareceu em sua mente naquele momento?
3. De que forma você o apreendeu?
4. Observe como aquele "eu" parecia existir por si mesmo, autoinstituído, estabelecido por sua própria natureza.

12
Determinando as opções

"Quando os fenômenos são analisados individualmente
como destituídos de essência,
e se medita sobre o que foi analisado,
essa é a causa para alcançar o fruto, o nirvana.
Não se chega à paz por nenhuma outra causa."

Buda

Na primeira etapa, você compreendeu como o eu aparece em sua mente. Essa realização é necessária porque, se você não souber o que é a existência inerente, não importa o quanto possa falar sobre ausência de eu ou vacuidade, serão apenas palavras. Depois de identificar a sensação de que os objetos existem por si mesmos, quando estudar e meditar sobre a ausência de essência e sobre a vacuidade, o caminho estará aberto para que algum grau de compreensão da ausência de existência excessivamente concreta surja em sua mente. No entanto, sem saber como os objetos parecem ter tal condição e como você concorda com isso, pode ter a impressão de que os grandes tratados sobre a vacuidade estão apenas tentando nos forçar a aceitar o que eles estão dizendo. Portanto, continue retornando à primeira etapa, pois à medida que seu conhecimento se aprofunda, sua avaliação do alvo que está sendo investigado se tornará cada vez mais sutil.

O SEGUNDO PASSO: LIMITANDO AS POSSIBILIDADES

Agora você precisa estabelecer uma estrutura lógica para a análise subsequente. Em geral, qualquer coisa que você traga à mente deve ser um ou mais de um, singular ou plural. Por exemplo, é óbvio que um pilar de pedra e uma panela de ferro são plurais; uma tigela é uma coisa singular.

Por ser esse o caso, o que é inerentemente estabelecido também deve ser ou uma entidade ou entidades diferentes; não há outra possibilidade. Isso significa que se o "eu" existe de forma inerente, deve ser um com a mente e o corpo ou totalmente diferente da mente e do corpo.

Você precisa refletir sobre esses parâmetros. Eles são o contexto para que nas duas últimas etapas você possa examinar se o alvo que identificou na primeira etapa realmente existe de maneira tão concreta. Em caso afirmativo, ele deve ser capaz de resistir a essa análise.

Reflexão meditativa

1. Analise se o "eu", que é inerentemente autoestabelecido no contexto do complexo mente-corpo, poderia ter uma forma de existência diferente de ser parte ou separado da mente e do corpo.

2. Tome outros fenômenos, como uma xícara e uma mesa, ou uma casa e uma montanha, como exemplos. Veja que não existe uma terceira categoria de existência. Ou são uma mesma coisa ou diferentes.
3. Tome a resolução de que se o "eu" existe inerentemente como parece, deve ser o mesmo que a mente e corpo ou separado deles.

13
Analisando a unidade

"A doutrina que purifica a mente de forma suprema
é a ausência de existência inerente."

PRAISE OF REALITY

NAGARJUNA

Agora você está preparado para analisar se o "eu" poderia ser o mesmo que mente e corpo. Considere as seguintes implicações. Se o "eu" é estabelecido por si mesmo, como aparece para a nossa mente, e se também é o mesmo que mente-corpo, "eu" e mente-corpo não poderiam diferir em nada. Eles teriam que ser absolutamente o mesmo, em todos os aspectos. Fenômenos que aparecem de uma maneira, mas existem de outra maneira são falsos, mas quanto ao que é verdadeiramente estabelecido é impossível que haja um conflito entre a aparência e a realidade. O que é verdadeiro deve aparecer da maneira que existe e deve existir da maneira que aparece.

Se o "eu" é o mesmo que corpo-mente, faz sentido afirmar a existência do "eu"? Como disse Nagarjuna em *Treatise on the Middle*:

> "Quando se considera que não há "eu"
> além do complexo mente-corpo,
> então o próprio complexo mente-corpo seria o "eu".
> Se for assim, seu "eu" é inexistente."

Se o "eu" e o complexo mente-corpo fossem exatamente o mesmo, seria impossível pensar em "meu corpo" ou "minha cabeça" ou "minha mente" ou supor que "o meu corpo está ficando mais forte". Além disso, se o "eu" e a mente-corpo forem uma mesma entidade, então, quando a mente e o corpo não mais existirem, o "eu" também não existiria.

Um segundo problema é que, uma vez que mente e corpo são plurais, os "eus" de uma pessoa também deveriam ser múltiplos. Como diz Chandrakirti:

> "Se a mente e o corpo fossem o eu,
> então, como a mente e o corpo são plurais,
> os "eus" também seriam plurais."

Ou, assim como o eu é um, a mente e o corpo também seriam absurdamente um.

Um terceiro problema é que, assim como a mente e o corpo são produzidos e se desintegram, o "eu" teria de ser inerentemente produzido e inerentemente desintegrado. Embora os budistas aceitem que o "eu" seja produzido e se desintegre, afirmamos que isso ocorre *convencionalmente*, não inerentemente por si só. Na ausência de existência inerente, é possível que uma série de momentos, e mesmo vidas, formem um continuum do qual o posterior dependa do anterior. No entanto, se o "eu" fosse inerentemente produzido e inerentemente se desintegrasse, seria impossível que os momentos presentes de sua vida dependessem de momentos anteriores, uma vez que cada momento seria produzido e se desintegraria por si mesmo, sem depender de mais nada. Neste caso, vidas anteriores seriam impossíveis, uma vez que cada vida existiria por si só.

O Buda falou sobre a lembrança de vidas anteriores e alguns, erroneamente, entendem que isso significa que o Buda, após a iluminação, e o indivíduo que ele havia sido em uma vida anterior são o mesmo e, portanto, permanentes. No entanto, quando o Buda descreveu vidas anteriores, ele teve o cuidado de não especificar que a pessoa de sua vida presente em um determinado lugar, em um determinado momento era a pessoa anterior em um determinado lugar e em um determinado momento. Ele falou em termos gerais, dizendo apenas: "No passado eu era tal e tal pessoa", mas ele não disse: "No passado, o Buda Shakyamuni era tal e tal pessoa".

Desta forma, o agente de ações (carma) em uma vida anterior e o agente que experiencia os resultados desses carmas estão incluídos no continuum do que os budistas chamam de "eu não inerentemente existente" (ou "mero-eu") que viaja de vida para vida. Do contrário, se o "eu" fosse inerentemente produzido e se desintegrasse inerentemente, tal continuidade seria impossível, uma vez que as duas vidas – a pessoa que cometeu a ação e a pessoa que sofreu o efeito – não teriam relação. Isso resultaria no absurdo de que os efeitos prazerosos das ações virtuosas e os efeitos dolorosos das ações não-virtuosas não produziriam frutos para nós; os efeitos dessas ações se perderiam. Além disso, uma vez que vivenciamos inegavelmente os efeitos das ações, estaríamos experimentando os efeitos das ações que não foram cometidas por nós.

Reflexão meditativa

Considere o que aconteceria se o "eu" fosse estabelecido por si mesmo da maneira como aparece em nossas mentes e se também fosse o mesmo que mente-corpo:

1. "Eu" e mente-corpo teriam que ser absolutamente uma mesma entidade, em todos os sentidos.
2. Nesse caso, afirmar a existência de um "eu" não faria sentido.
3. Seria impossível pensar em "meu corpo", "minha cabeça" ou "minha mente".
4. Quando a mente e o corpo não existissem mais, o "eu" também não existiria.
5. Já que mente e corpo são plurais, os "eus" de uma pessoa também seriam plurais.
6. Já que o "eu" é apenas um, a mente e o corpo também seriam um.
7. Assim como a mente e o corpo são produzidos e se desintegram, também deveria ser afirmado que o "eu" é inerentemente produzido e se desintegra inerentemente. Nesse caso, nem os efeitos prazerosos de ações virtuosas nem os efeitos dolorosos de ações não-virtuosas produziriam frutos para nós, ou estaríamos experienciando os efeitos de ações que não cometemos.

Lembre-se de que o que é inerentemente estabelecido não pode ser incluído no mesmo continuum, mas deve ser diferente sem guardar nenhuma relação. Compreender isso depende de obter uma noção precisa de como o "eu" e outros fenômenos via de regra parecem ser auto instituídos e de como você geralmente aceita essa aparência e age com base nela. Esse é o tipo de existência exagerada que estamos investigando.

14
Analisando a diferença

"Assim como sabemos
que a imagem da nossa face é vista
na dependência de um espelho,
mas não existe de fato como uma face,
da mesma forma, a concepção do "eu" existe
na dependência do corpo e da mente,
mas assim como a imagem da nossa face,
o "eu" não existe em absoluto como uma realidade própria."

A GRINALDA PRECIOSA

NAGARJUNA

Agora analise se o "eu" e o complexo corpo-mente podem ser diferentes. Considere as seguintes implicações. Coisas mentais e físicas são chamadas de "fenômenos compostos" porque são produzidos, permanecem e se desintegram a cada momento. Essas características revelam que fatores mentais e físicos existem devido a causas e condições específicas e, portanto, são impermanentes.

Se o "eu" e toda a gama de fenômenos impermanentes fossem inerentemente diferentes, o "eu" absurdamente não teria as características dos fenômenos impermanentes, ou seja, ser produzido, permanecer e se desintegrar, da mesma forma como um cavalo, por ser uma entidade diferente de um elefante, não tem as características particulares de um elefante. Como diz Chandrakirti:

> "Se for afirmado que o "eu" é diferente da mente e do corpo, então, assim como a consciência é diferente do corpo, o "eu" seria estabelecido como tendo uma natureza inteiramente diferente da mente e do corpo."

Novamente, se o "eu" e o complexo mente-corpo fossem inerentemente diferentes, o "eu" teria que ser algo imaginado falsamente ou um fenômeno permanente. Ele também não poderia ter as características particulares do corpo ou da mente e, portanto, teria que ser observado inteiramente separado do corpo e da mente. Quando você busca o que é o "eu", você teria que encontrar algo separado da mente e do corpo, mas não consegue. O "eu" é percebido apenas no contexto da mente e do corpo. Como diz Chandrakirti:

> "Não existe outro eu além do complexo mente-corpo porque, separado do complexo mente-corpo, sua concepção não existe."

Reflexão meditativa

Considere as consequências da conclusão de que o "eu" é estabelecido por si só, da maneira como ele aparece em nossas mentes e de que é inerentemente diferente do complexo mente-corpo:

1. O "eu" e o complexo mente-corpo teriam que ser completamente separados.

2. Nesse caso, o "eu" teria que ser encontrado depois que a mente e o corpo fossem eliminados.
3. O "eu" não teria as características de ser produzido, permanecer e se desintegrar, o que é incoerente.
4. Absurdamente, o "eu" teria que ser apenas uma invenção da imaginação ou permanente.
5. Absurdamente, o "eu" não teria nenhuma característica física ou mental.

15
Chegando a uma conclusão

"A realidade é apurada mais tarde
do que antes era imaginado pela ignorância."

A GRINALDA PRECIOSA

NAGARJUNA

Em meados do século XVII, o Quinto Dalai Lama enfatizou a importância de que a análise não se torne mecânica, mas que permaneça viva. Quando você busca por um "eu" concretamente existente e não o encontra nem no complexo mente-corpo e nem inerentemente, diferente da mente e do corpo, é crucial que a pesquisa seja minuciosa; do contrário, você não sentirá o impacto de não encontrá-lo. O Quinto Dalai Lama escreveu:

> "Não é suficiente que o modo de não-encontrar seja apenas uma repetição da empobrecida frase 'não encontrei'. Por exemplo, quando um boi se perde, não se toma como verdadeira a mera afirmação, 'não está em tal e tal lugar'. Em vez disso, depois de

> procurá-lo cuidadosamente nas regiões altas, médias e baixas das terras, você chega à firme decisão de que não é possível encontrá-lo. Também aqui, meditando até chegar a uma conclusão, você ganha convicção."

Uma vez que se empenhe em analisar dessa maneira, você começará a questionar a forte sensação de um "eu" que se autoinstitui, que antes parecia existir de forma tão palpável. Você gradualmente começará a pensar: "Aha! Antes, isso parecia ser muito verdadeiro, mas talvez realmente não seja". Dessa forma, analisando mais e mais, você se convencerá (não apenas superficialmente, mas com profundidade) de que esse "eu" não existe. Você irá além das meras palavras e ganhará a convicção de que, embora pareça muito concreto, esse "eu" não existe dessa maneira. Essa é a marca que a análise extensa imprime: um convencimento que surge de dentro de sua própria mente de que esse tipo de "eu" de fato não existe.

Muitas vezes, antes de dar uma palestra para um grande número de pessoas, noto que, na minha mente, cada pessoa na plateia parece existir por si só, em seu próprio assento, em vez de existir apenas por meio do poder de pensamento, apenas convencionalmente. Todos parecem existir em uma condição de solidez exagerada; é assim que eles parecem ser, é como eles aparecem, como eles surgem em minha mente. Mas, se existissem dessa maneira, teriam de ser encontrados por meio do tipo de análise que acabei de descrever, mas não são. Há um conflito entre como eles parecem existir e como realmente existem. Então, recordo tudo o que sei sobre ausência de um "eu", refletindo, por exemplo, na afirmação de Nagarjuna em seu *Fundamental Wisdom of The Middle Way*, onde ele examina se o Buda existe inerentemente:

"O Buda não é seu complexo mente-corpo.
Ele não é outro senão o complexo mente-corpo.
O complexo mente-corpo não está nele;
ele não está nesse complexo.
Ele não o possui. Que Buda existe?"

Nagarjuna usa o Buda como um exemplo da ausência de um "eu", da ausência de uma pessoa inerentemente existente. Precisamos refletir sobre a ausência do nosso próprio "eu" dessa mesma maneira. Quando aplico essa reflexão a mim mesmo, penso:

"O monge Tenzin Gyatso não é seu complexo mente-corpo.
Ele não é outro senão o complexo mente-corpo.
O complexo mente-corpo não está nele; ele não está nesse complexo.
Ele não o possui. Que Tenzin Gyatso existe?"

O monge Tenzin Gyatso não é algo em seu complexo mente-corpo, do topo da cabeça às solas dos pés. Quando procuro o monge Tenzin Gyatso, nada é encontrado – nem a consciência visual, nem a consciência auditiva, nem a consciência olfativa, nem a consciência gustativa, nem a consciência corporal, nem a consciência mental; nem a consciência desperta, nem a consciência onírica, nem a consciência do sono profundo e, por fim, nem mesmo a clara luz da morte. Alguma dessas consciências é Tenzin Gyatso? Não encontro nenhuma consciência que seja Tenzin Gyatso.

Além disso, não há nada que não esteja no complexo mente-corpo que seja Tenzin Gyatso. Além disso, Tenzin Gyatso não depende do complexo mente-corpo como uma entidade separada, como um leão em um bosque; o complexo mente-corpo também não depende de Tenzin Gyatso como uma entidade separada, como uma floresta de árvores na neve; ambos exigiriam que Tenzin Gyatso e o complexo mente-corpo fossem entidades diferentes, e isso é impossível. Além disso, Tenzin Gyatso não possui o complexo mente-corpo, como uma pessoa que possui uma vaca, o que exigiria que fossem entidades diferentes, ou como uma árvore que tem seu núcleo, que seriam uma mesma entidade.

Então, que Tenzin Gyatso existe? Com certeza, nada pode ser encontrado – não como parte do complexo mente-corpo, não dependendo do complexo mente-corpo como uma entidade separada, não de posse do complexo mente-corpo e nem mesmo como o continuum do complexo mente-corpo. Fica claro que o "eu" é meramente estabelecido na dependência do complexo mente-corpo.

Essa análise é oposta à maneira como costumamos pensar. Quando penso: "Sou um monge", surge em minha mente o monge a quem o corpo e a mente pertencem. Somos todos humanos, isso é certo, mas quando nos identificamos como uma pessoa e quando identificamos outra pessoa como uma pessoa diferente ali adiante, as duas surgem muito concretamente. No entanto, quando aplicamos a análise para determinar quem de fato é a pessoa – quando analisamos se essa pessoa é um certo tipo de mente e corpo – não encontramos nada que seja a pessoa. Além disso, não é possível que algo inteiramente separado da mente e do corpo seja a pessoa. Sendo este o caso, este profundo sistema budista nos ensina que uma pessoa é meramente estabelecida na dependência da mente e do corpo.

Quando eu utilizo a análise, entendo que aquilo que originalmente parecia muito palpável não existe dessa maneira. A pessoa que parecia existir de forma tão clara não pode ser encontrada. Aquilo que parecia existir por si só é visto como algo que depende do pensamento.

Refletindo sobre isso, quando olho para uma plateia, vejo que todas aquelas dezenas de milhares de pessoas estão pensando "eu", "eu", "eu", "eu" de uma forma que, na verdade, é equivocada, criando problemas para elas mesmas. Vê-las dessa maneira me ajuda – e ajudará você – a despertar um interesse amoroso por todos esses seres aprisionados em conceitos errôneos. Geralmente é assim que começo minhas palestras.

Meditando e cultivando gradualmente esses quatro passos, você desenvolverá a capacidade de examinar tudo e qualquer coisa dessa maneira – vendo o conflito entre aparência e realidade e gerando uma profunda convicção de que pessoas e coisas não existem da maneira como parecem existir. O que é entendido por essa mente inteiramente convencida é a ausência do "eu" existente de maneira inerente, embora você possa acreditar nisso muito fortemente. Você compreende com plenitude a negação da existência inerente. Sua mente é absorvida nessa vacuidade.

Reflexão meditativa

Recapitule uma e outra vez as quatro etapas para a realização:

1. Concentre-se no alvo, o surgimento do "eu" como se fosse estabelecido por si só.
2. Determine que, se o "eu" existisse da maneira que parece, deveria ser a mesma entidade que o complexo mente e corpo ou separado de mente e corpo.
3. Reflita minuciosamente sobre os problemas de se concluir que o "eu" e o complexo mente-corpo são a mesma entidade.
   - "Eu" e mente-corpo teriam que ser totalmente e, em todos os sentidos, uma mesma entidade.

- Afirmar a existência de um "eu" não faria sentido.
- Seria impossível pensar em "meu corpo", "minha cabeça" ou "minha mente".
- Quando a mente e o corpo não mais existissem, o "eu" também não existiria mais.
- Visto que mente e corpo são plurais, os "eus" de uma pessoa também seriam plurais.
- Uma vez que o "eu" seria apenas um, mente e corpo também seriam.
- Assim como a mente e o corpo são produzidos e se desintegram, o "eu" seria inerentemente produzido e se desintegraria inerentemente. Nesse caso, nem os efeitos prazerosos de ações virtuosas nem os efeitos dolorosos de ações não-virtuosas produziriam frutos para nós, ou experienciaríamos os efeitos de ações que não realizamos.

4. Considere de forma minuciosa os problemas que surgiriam da conclusão de que o "eu" e o complexo mente-corpo são inerentemente diferentes.

- "Eu" e complexo mente-corpo teriam que ser completamente separados.
- Nesse caso, o "eu" teria que ser encontrado depois que a mente e o corpo fossem eliminados.
- O "eu" não teria as características de ser produzido, permanecer e se desintegrar, o que é um despropósito.
- Absurdamente, o "eu" deveria ser apenas uma invenção da imaginação ou permanente.
- Absurdamente, o "eu" não teria nenhuma característica física ou mental.

16
Testando sua realização

"Assim como alguém se destrói
por se alimentar incorretamente, mas consegue ter
uma vida longa, livre de doenças,
força e prazeres por meio de uma alimentação correta,
da mesma maneira, uma pessoa pode se destruir
por meio de uma compreensão equivocada.
Mas alcança a felicidade e a mais elevada iluminação
por meio da compreensão correta."

A GRINALDA PRECIOSA

NAGARJUNA

Quando você faz uma análise a respeito de si mesmo, procurando por um "eu" inerentemente existente, ao final, a experiência é de não encontrar o "eu"; mas essa é a vacuidade de existência inerente ou algo mais grosseiro? Dizemos que há um nível mais grosseiro de uma pessoa "não ser substancialmente existente no sentido de não existir independentemente", e um nível mais sutil, uma pessoa "não ser inerentemente existente". É possível você concluir erroneamente o entendimento da vacuidade mais sutil quando, na verdade, entendeu apenas a mais grosseira.

Ambas as realizações são úteis e a compreensão do mais grosseiro certamente ajudará a compreender o mais sutil, mas é importante não confundir os dois. Para saber a diferença, primeiro analise por meio do raciocínio resumido no capítulo anterior; então, quando a noção de que o "eu" é autoinstituído se dissolver e desaparecer da sua mente, mude o objeto de sua investigação do "eu" para o seu corpo, ou alguma parte do corpo, como o seu braço.

Se a noção de que seu corpo ou braço é algo que se autoinstitui desaparecer imediatamente e a ausência desse status aparecer em sua mente, esse é um sinal de que sua realização da vacuidade do "eu" atingiu um nível mais sutil. No entanto, se o poder do raciocínio anterior não se aplicar imediatamente ao seu corpo ou braço, isso mostra que sua realização da vacuidade do "eu" não é tão profunda, ainda está em um nível mais grosseiro.

Se alguma noção da existência concreta desse outro fenômeno permanecer, sua análise anterior não foi tão profunda quanto poderia parecer. É por isso que Nagarjuna diz:

> "Enquanto a compreensão da mente e do corpo for equivocada,
> a compreensão do "eu" também será."

COMO SABER A DIFERENÇA ENTRE EQUÍVOCOS GROSSEIROS E SUTIS

Uma possível razão para a compreensão do "eu" não se estender a outros fenômenos é a identificação inicial de um "eu" que se autoinstitui ter sido feita no contexto de um flagrante exemplo de exagero de si mesmo, ao qual você reagiu com desejo, ódio, autodefesa, ou algo parecido. Com base nessa identificação grosseira, pode parecer que, em circunstâncias normais, a sensação do "eu" não está misturada com o surgimento de um "eu" que se autoinstitui. Mas, na verdade, está, embora em um nível mais sutil. É por isso que a realização original, embora útil, não tem tanta força quanto poderia ter.

Quero detalhar um pouco este ponto, então, por favor, tenha paciência comigo. Precisamos primeiro considerar esta questão bastante intrigante: se uma pessoa não é o corpo nem a mente, nem uma combinação dos dois, nem algo diferente desses elementos, então o que estamos observando quando pensamos "eu"? Nossos textos nos dizem que o que estamos observando é um "eu" ou uma pessoa configurada de forma dependente. Estamos observando apenas o "eu", que os budistas chamam de "mero eu", embora sem entendermos de modo adequado. Pelo fato de que a interpretação equivocada de mente e corpo como inerentemente existentes precede imediatamente a nossa compreensão equivocada de "eu", pode parecer que o que estamos observando quando investigamos o "eu" é mente e corpo, mas, na verdade, é o próprio "eu".

No entanto, o fato é que, não importa o que agora apareça às nossas mentes, seja por meio dos sentidos ou da consciência mental, isso se mistura com um exagero de sua condição. Todas as aparências de objetos externos e internos, incluindo o "eu", são misturadas com a sensação de que os objetos existem por si sós; daí que todas as nossas consciências se enganam a respeito do que se apresenta a elas, mesmo quando estão certas sobre determinadas observações, como ver um objeto azul como azul, ou identificar uma porta como uma porta. Essas mentes estão certas sobre os objetos gerais, mas estão erradas porque os objetos são vistos com uma camada sobreposta de existência inerente por causa de nossas próprias predisposições.

Portanto se, ao meditar, você aceitar a aparência de si mesmo como ela é e prosseguir na refutação de algum sentido adicional de existência inerente, você já negligenciou um exemplo primordial da existência inerente que está tentando refutar. Sim, você existe, mas esse "eu" não existe da maneira que parece existir à sua mente. É por isso que o primeiro Panchen Lama, no século XV, enfatizou que a existência inerente deve ser refutada com relação ao primeiro "eu" que geralmente surge.

Esse "eu" não existe. Quando esse fato é visto, o equívoco raiz é neutralizado, ao passo que, se você aceitar esse "eu" como se ele existisse e prosseguir com sua análise, você não chegará à raiz do problema. Isso ocorre porque, nesse momento, o "mero eu" (o "eu" que não existe inerentemente) e o "eu" inerentemente existente estão misturados. Portanto, você deve considerar que esse "eu" que você está observando não existe como ele surge. Caso contrário, se você tomar esse "eu" como real e procurar apenas provar que ele não existe, você interpretará equivocadamente a natureza de sua vacuidade, conforme explicado no Capítulo 7.

É PRECISO PERSISTÊNCIA

A necessidade de prosseguir para esse nível mais profundo é o motivo pelo qual você deve continuar trabalhando na alternância entre identificar um sentido cada vez mais sutil de como esse "eu" aparece e usar esse raciocínio para verificar se essa aparência resiste à análise. Por meio desse processo, você irá, passo a passo, aprofundar sua compreensão do que é uma noção exagerada de "eu" e da fragilidade de sua fundamentação.

Assim como dizem os grandes textos, você começará a fazer uma distinção entre existência e existência inerente por meio de sua própria experiência. Os grandes textos nos desafiam a evitar tanto o extremo de exagerar a natureza das pessoas e coisas quanto o extremo oposto – de que pessoas e coisas não existem em absoluto. Pessoas e coisas definitivamente existem; a questão é a forma como existem.

Quando avança no sentido de compreender que pessoas e coisas não podem ser encontradas mediante análise, mas leva em consideração que elas de fato existem, você pode começar a sentir o impacto da afirmação de que existem pelo poder do pensamento. Isso, por sua vez, o desafiará a refletir mais sobre como as pessoas e coisas se apresentam para a sua mente e minará sua certeza sobre a natureza positiva ou negativa dessas aparências, que antes você aceitava automaticamente como intrínsecas aos objetos. Você começará a notar como aceita a aparência dos objetos e como se apega a eles.

Dessa forma, a meditação é uma longa jornada, não um único insight e nem mesmo vários insights. Fica cada vez mais profunda com o passar dos dias, meses e anos. Continue lendo, pensando e meditando.

Reflexão meditativa

1. Percorra as quatro etapas de análise descritas no capítulo anterior.
2. Quando a sensação de que o "eu" é autoinstituído se dissolver e desaparecer no vazio, tome seu braço como objeto, por exemplo.
3. Veja se a sensação de que seu braço existe inerentemente desaparece logo devido ao raciocínio anterior.
4. Se a análise anterior não se aplicar imediatamente ao seu braço, sua compreensão ainda está em um nível grosseiro.

CONTINUE TRABALHANDO NISSO

O sinal de que você de fato internalizou a ausência da existência concreta e sólida do "eu" é percebido quando você reflete sobre o corpo ou a mente, e não aceita mais suas aparências como verdadeiras. Você deixa de investir tanto em suas aparências exageradas porque internalizou a ausência de existência inerente revelada por meio da análise meditativa. Essa redução de confiança na veracidade das aparências é um sinal de sucesso e, por meio da meditação contínua, pode se tornar cada vez mais forte. É por esse processo que você se aproxima cada vez mais de ver a si mesmo como realmente é.

A realização da vacuidade é difícil, mas se você continuar trabalhando nisso, analisando e analisando novamente, a compreensão definitivamente virá. Você entenderá o que significa buscar a existência inerente e não encontrá-la, buscar algo que é de maneira tão contundente imaginado e não encontrá-lo. Esse não-encontrar surge para a mente como vacuidade, no início de forma um pouco vaga e depois com clareza cada vez maior. Embora os insights iniciais sejam um pouco superficiais, à medida que você avança nesse processo, eles se tornarão cada vez mais profundos.

Por meio dessa noção preliminar de vacuidade, você compreenderá com clareza o que é a ignorância; isso levará a uma melhor experiência da vacuidade. Conhecer melhor a vacuidade, por sua vez, fará com que você identifique melhor a ignorância e o que está sendo negado. À medida que você repete de novo e de novo, trazendo mais e mais compreensão e minando sua crença no que é exagerado, essa identificação aprofundará o impacto da investigação. É assim que você desfaz o problema.

17
Estendendo este insight para o que você possui

"Da mesma forma como você chegou à compreensão
da falsa discriminação de si mesmo,
aplique-a mentalmente a todos os fenômenos."

BUDA

Para revisar: se existisse um "eu" concreto, então ele teria que ser o mesmo que o complexo mente-corpo ou diferente de mente-corpo. Uma vez que ambas as possibilidades estão crivadas de falácias lógicas, a única conclusão possível é a de que tal "eu" absolutamente não existe.

Uma vez que você tenha entendido que o "eu" inerentemente existente não existe, é mais fácil compreender que a noção de propriedade inerentemente existente é equivocada. Mente e corpo são objetos utilizados por esse "eu". O "eu" é como um dono, a quem o corpo e a mente pertencem. Na verdade, dizemos: "Meu corpo está um pouco debilitado". Ou "meu corpo está em forma". Essas afirmações são válidas. Mesmo que você não pense "este sou eu" quando olha para seu braço, quando seu braço está dolorido, você definitivamente pensa "Estou sentindo dor, não estou bem". Ainda assim, é claro que o "eu" e o corpo são diferentes; o corpo pertence ao "eu".

Da mesma forma, nos referimos à "minha mente" e poderíamos dizer: "Minha memória está fraca; algo está errado". Você é o treinador da mente que, como um estudante rebelde, aprenderá a fazer o que você determinar.

Desse modo, corpo e mente pertencem ao "eu" e o "eu" é seu dono. Embora não se possa negar que cada um desempenha suas respectivas funções, ainda assim não existe um "eu" independente e separado da mente e do corpo que os possui. Seus olhos, ouvidos e assim por diante são, de fato, objetos que você corretamente vê como "meus", mas eles não existem da maneira como se apresentam à sua mente de maneira tão convincente, como se pertencessem a um "eu" inerentemente existente. Como diz Nagarjuna em *A Grinalda Preciosa*:

> "O Buda, que fala apenas para ajudar os seres,
> disse que todos os seres
> surgiram da concepção errônea de "eu"
> e estão completamente envolvidos com a concepção de 'meu'."

Quando você compreende que o "eu" não existe inerentemente, compreende também que o "meu" não poderia existir inerentemente.

Reflexão meditativa

Considere o seguinte:

1. Fenômenos internos, como sua mente e seu corpo, pertencem a você e, portanto, são "seus".

2. Pertences externos, como sua roupa ou carro, também são "seus".

3. Se o "eu" não existe inerentemente, o que é "seu" não poderia existir inerentemente.

18
Equilibrando calma e insight

"Cultivar a estabilidade meditativa apenas
não destruirá a discriminação da existência inerente.
As emoções aflitivas podem retornar,
criando todo tipo de perturbação."

Buda

O calmo permanecer pode suprimir emoções contraproducentes, mas não é capaz de removê-las totalmente. O insight é necessário porque, como já explicado, pode remover por completo as emoções problemáticas e suas consequentes complicações. A meditação estabilizadora e a meditação analítica devem agora trabalhar juntas. Dessa maneira, conseguem desenraizar as emoções problemáticas e remover as limitações da inteligência para que você possa atingir o objetivo final de ajudar os outros de forma mais eficaz.

A grande clareza e estabilidade desenvolvidas no calmo permanecer abrem o caminho para que a análise possa levar de fato a uma visão poderosa da vacuidade da existência inerente. Com a percepção direta da vacuidade dos fenômenos – você mesmo, outras pessoas e coisas – que o levam à experiência de emoções destrutivas, os problemas podem ser superados pela raiz.

Para combinar a calma permanência com o insight especial, você precisa alternar a meditação focada com a meditação analítica e harmonizá-las. Análise em excesso produzirá agitação, tornando a mente ligeiramente instável, mas estabilidade em excesso fará com que você não se disponha a analisar. Como disse o sábio tibetano Tsongkhapa:

> "Se você praticar apenas a meditação analítica, o calmo permanecer desenvolvido anteriormente se degenerará. Portanto, após ter montado o cavalo do calmo permanecer, você precisa se dedicar à análise e, então, alternar periodicamente com a meditação estabilizadora."

UNIÃO DO CALMO PERMANECER COM O INSIGHT ESPECIAL

Antes, o calmo permanecer e a análise eram como os dois extremos de uma balança, um se tornava ligeiramente mais leve quando o outro se manifestava. Mas agora, conforme você alterna habilmente a meditação estabilizadora e a analítica, o próprio poder da análise induz ainda a uma maior flexibilidade mental e física do que antes, quando o calmo permanecer era alcançado pela meditação estabilizadora. Quando o calmo permanecer e o insight operam dessa maneira, simultaneamente, com igual poder, isso é chamado de "união do calmo permanecer com o insight especial". É também chamado de "sabedoria que surge da meditação", em contraste com a sabedoria que surge do ouvir, ler, estudar ou pensar.

Antes, enquanto lia e pensava sobre a vacuidade, sua consciência se voltava para a vacuidade como um objeto intelectual de investigação, de modo que sua mente e a vacuidade eram separadas e distintas. Mas agora você tem a experiência de penetrar na vacuidade sem a sensação de que sujeito e objeto estão distantes um do outro. Você se aproxima de um estado em que o insight e a vacuidade são como água derramada sobre a água.

Aos poucos, a sensação sutil remanescente de sujeito e objeto desaparece, e sujeito e objeto se fundem por inteiro na completa não-conceitualidade. Como o Buda disse: "Quando o fogo de conhecer a realidade tal como ela é surge da própria análise correta, a madeira da conceitualidade é queimada, como o fogo que surge quando dois gravetos são esfregados um no outro".

Reflexão meditativa

Para iniciantes, pode ser útil aprender este modelo de progresso espiritual, porque ele exercerá uma influência poderosa sobre seu desenvolvimento. Por enquanto, você pode alternar um pouco de meditação estabilizadora com um pouco de meditação analítica para experimentar o processo e fortalecer sua meditação.

1. Primeiro, concentre sua mente em um único objeto, como uma imagem do Buda ou sua respiração.
2. Use a meditação analítica conforme descrito nas quatro etapas para meditar sobre a natureza do "eu". Considere a impossibilidade lógica de afirmar que o "eu" e o complexo mente-corpo são iguais ou diferentes:

UMA MESMA COISA

- O "eu" e mente-corpo teriam que ser totalmente e, em todos os sentidos, um.
- Nesse caso, afirmar um "eu" não faria sentido.

- Seria impossível pensar em "meu corpo", "minha cabeça" ou "minha mente".
- Quando a mente e o corpo não existissem mais, o "eu" também não existiria.
- Uma vez que mente e corpo são plurais, os "eus" de uma pessoa também seriam plurais.
- Uma vez que o "eu" é apenas um, a mente e o corpo também seriam um.
- Assim como a mente e o corpo são produzidos e se desintegram, nesse caso teria que ser afirmado que o "eu" é inerentemente produzido e inerentemente se desintegra. Sendo assim, nem os efeitos prazerosos das ações virtuosas nem os efeitos dolorosos das ações não-virtuosas produziriam frutos para nós, ou experienciaríamos os efeitos de ações que não foram cometidas por nós.

DIFERENTES

- O "eu" e o complexo mente-corpo teriam que ser completamente separados.
- Nesse caso, o "eu" teria que ser encontrado depois que a mente e o corpo fossem eliminados.
- O "eu" não teria as características de produção, permanência e desintegração, o que é incongruente.
- Absurdamente, o "eu" teria que ser apenas uma invenção da imaginação ou algo permanente.
- Absurdamente, o "eu" não teria quaisquer características físicas ou mentais.

3. Quando tiver desenvolvido um pequeno insight, permaneça com isso em mente na meditação estabilizadora, apreciando seu impacto.
4. Então, quando a sensação diminuir um pouco, retorne à meditação analítica para restabelecer a sensação e desenvolver mais insight.

Alternar entre o foco em um único objeto e a análise direcionada do objeto irá promover uma experiência mais profunda.

PARTE V

COMO AS PESSOAS E AS COISAS DE FATO EXISTEM

19
Vendo a si mesmo como uma ilusão

"Como as ilusões de um mágico, os sonhos
e uma lua refletida na água,
todos os seres e seus ambientes são vazios
de existência inerente.
Embora não existam de forma sólida, todos eles aparecem
como borbulhas de água brotando da água."

GUNGTANG

Como resultado de ter investigado a natureza do "eu" e de outros fenômenos, você agora sabe que eles parecem existir inerentemente, mas compreende que eles são vazios de existência inerente, assim como uma ilusão criada por um mágico não existe da maneira que parece existir. Como diz Nagarjuna em *A Grinalda Preciosa:*

> "Uma forma vista ao longe
> é vista claramente por aqueles que estão próximos.

Se uma miragem fosse água,
por que a água não é vista por aqueles que estão próximos?
A maneira como este mundo é visto
como real por aqueles que estão distantes
não é vista do mesmo modo por aqueles que estão próximos,
para quem é insubstancial, como uma miragem."

Um rosto em um espelho parece ser um rosto, mas essa imagem não é um rosto real, em absoluto; é, sob todos os pontos de vista, vazio de ser um rosto. Da mesma forma, um mágico pode criar ilusões que parecem ser determinadas coisas, como uma pessoa em uma caixa sendo atravessada por uma espada, mas elas não são, de forma alguma, definidas como sendo tais coisas. Igualmente, fenômenos como corpos parecem ser estabelecidos pelos próprios objetos, mas são e sempre foram vazios de serem dessa maneira.

Isso não quer dizer que os fenômenos *são* ilusões, mas sim que eles são *como* ilusões. Mesmo que a imagem refletida do seu rosto não seja realmente o seu rosto, o reflexo não é totalmente inexistente. Por meio de sua aparência, você pode entender como é o seu rosto real. Da mesma forma, embora as pessoas e as coisas sejam vazias de existir da maneira como parecem ser, estabelecidas por si mesmas, elas não são totalmente inexistentes; elas podem atuar e podem ser experienciadas. Portanto, ser como uma ilusão não é o mesmo que parecer existir, mas é, na verdade, não existir, como os chifres de um coelho que não existem de forma alguma.

Reflexão meditativa

1. Lembre-se de uma situação em que você confundiu o reflexo de uma pessoa no espelho com uma pessoa real.

2. Parecia ser uma pessoa, mas não era.
3. Da mesma forma, todas as pessoas e coisas parecem existir por si sós, sem depender de causas e condições, de suas partes e do pensamento, mas não existem.
4. Desse modo, pessoas e coisas são *como* ilusões.

IDENTIFICANDO O CONFLITO ENTRE APARÊNCIA E REALIDADE

Utilizo os exemplos de ilusões, reflexos e miragens para dar uma ideia aproximada do conflito entre o que algo parece ser e o que de fato é. O conhecimento de que o reflexo de um rosto em um espelho não é um rosto não é a percepção da vacuidade de existência inerente de uma imagem no espelho, pois mesmo com esse saber você ainda confunde a natureza de uma imagem no espelho com algo inerentemente existente. Se o fato de entender que uma imagem de um rosto no espelho é vazia de ser um rosto constituísse a verdadeira realização da vacuidade, assim que você direcionasse sua mente para qualquer outro objeto – seu corpo, seu braço, sua casa – você também perceberia a vacuidade de existência inerente desses objetos. Mas não é isso que acontece. Novamente, isso não significa que você e os outros *sejam* ilusões, mas são *como* ilusões.

Ver a si mesmo ou outros fenômenos *como* ilusões requer duas coisas – o falso surgimento de objetos como inerentemente existentes e uma compreensão de que você ou o que quer que esteja considerando não existe dessa maneira. Em função da sua experiência na meditação de procurar e não encontrar essa qualidade independente (embora, após a meditação, os fenômenos ainda pareçam existir inerentemente), o poder de sua compreensão anterior abre o caminho para você reconhecer que esses fenômenos são ilusórios, à medida que, embora pareçam existir inerentemente, eles não existem. Como disse o Buda: "Todas as coisas têm o atributo da falsidade, do engano."

Existem muitas discrepâncias entre a maneira como as coisas parecem ser e como realmente são. Algo que é impermanente pode parecer permanente. Além disso, fontes de dor, como comer demais, às vezes parecem ser fontes de prazer, mas no final não são. O que acabará por levar ao sofrimento não é visto como realmente é, mas é confundido com um caminho para a felicidade. Embora queiramos a felicidade, por ignorância, não sabemos como alcançá-la; embora não desejemos a dor, por entendermos equivocadamente o que causa a dor, acabamos nos empenhando para alcançar as próprias causas da dor.

Os olhos dos que assistem a um show de mágica são afetados pelos truques do mágico e, por meio desse engano, o público pensa que vê cavalos, elefantes e assim por diante. De maneira semelhante, aceitando a aparência de existência inerente, exageramos o status dos fenômenos positivos e negativos e, assim, somos levados ao desejo e ao ódio e às ações que acumulam carma. O que não é um "eu" inerentemente existente parece ser um "eu" inerentemente existente, e aceitamos a aparência sem questioná-la.

COMO VER DESTA MANEIRA PODE AJUDAR

Ver a existência de pessoas e coisas como ilusões ajuda a reduzir emoções desfavoráveis, porque a luxúria, o ódio e assim por diante derivam da sobreposição exagerada de qualidades positivas ou negativas aos fenômenos. Por exemplo, quando ficamos com muita raiva de alguém, temos uma forte sensação de que aquela pessoa é horrível; mais tarde, quando nos acalmamos e olhamos para a mesma pessoa, podemos achar a nossa percepção anterior ridícula.

O benefício do insight é que ele nos impede de atribuir aos objetos qualidades positivas ou negativas maiores do que as que realmente existem. Esse enfraquecimento do autoengano torna possível reduzir e, ao final, eliminar a luxúria e o ódio, uma vez que essas emoções são construídas com base em exageros. Essa eliminação das emoções prejudiciais, por sua vez, deixa mais espaço para o desenvolvimento de emoções e virtudes saudáveis. Ao ver os fenômenos com insight, você os traz para o escopo da prática da vacuidade.

Quando praticar a expansão do amor e da compaixão, tenha em mente que o próprio amor e a compaixão e as pessoas que são seus objetos são como as ilusões de um mágico – parecem existir de forma sólida, por si sós, mas não existem. Se você os considerar inerentemente existentes, essa visão o impedirá de desenvolver o amor e a compaixão com plenitude. Em vez disso, veja-os como ilusões, existindo de uma maneira, mas surgindo de outra. Essa perspectiva vai aprofundar tanto o seu insight sobre a vacuidade quanto as emoções saudáveis de amor e compaixão, de modo que, com essa compreensão, suas ações compassivas serão mais eficazes.

Reflexão meditativa

1. Como você fez antes, traga à mente o objeto de análise, o "eu" inerentemente estabelecido, lembrando-se ou imaginando uma situação em que você acreditou nele firmemente.
2. Observe a ignorância que se sobrepõe à existência inerente e identifique-a.
3. Coloque ênfase particular na contemplação de que a existência inerente implica que o "eu" e o complexo mente-corpo teriam que ser iguais ou diferentes.

4. Então, contemple vigorosamente o absurdo das afirmações de que "eu" e complexo mente-corpo são uma mesma coisa ou diferentes, vendo e sentindo a impossibilidade dessas afirmações:

UMA MESMA COISA

- O "eu" e mente-corpo teriam que ser totalmente e, em todos os sentidos, um.
- Nesse caso, afirmar um "eu" não faria sentido.
- Seria impossível pensar em "meu corpo", "minha cabeça" ou "minha mente".
- Quando a mente e o corpo não existissem mais, o "eu" também não existiria.
- Uma vez que mente e corpo são plurais, os "eus" de uma pessoa também seriam plurais.
- Uma vez que o "eu" é apenas um, a mente e o corpo também seriam um.
- Assim como a mente e o corpo são produzidos e se desintegram, então teria que ser afirmado que o "eu" é inerentemente produzido e inerentemente se desintegra. Nesse caso, nem os efeitos prazerosos das ações virtuosas nem os efeitos dolorosos das ações não-virtuosas produziriam frutos para nós, ou vivenciaríamos os efeitos de ações que não foram cometidas por nós.

DIFERENTES

- O "eu" e o complexo mente-corpo teriam que ser completamente separados.
- Nesse caso, o "eu" teria que ser encontrado depois que a mente e o corpo fossem eliminados.
- O "eu" não teria as características de produção, permanência e desintegração, o que é um absurdo.
- Absurdamente, o "eu" teria que ser apenas uma invenção da imaginação ou permanente.
- Absurdamente, o "eu" não teria quaisquer características físicas ou mentais.

5. Ao não encontrar esse "eu", conclua firmemente: "Nem eu nem qualquer pessoa é inerentemente estabelecida".
6. Permaneça por um tempo absorvendo o significado da vacuidade, concentrando-se na ausência de estabelecimento inerente.
7. Então, mais uma vez, deixe que as aparências de pessoas surjam em sua mente.
8. Reflita sobre o fato de que, no contexto da originação dependente, as pessoas também se envolvem em ações e, portanto, acumulam carma e sentem os efeitos dessas ações.
9. Verifique o fato de que as aparências das pessoas têm utilidade e são possíveis na falta de existência inerente.
10. Quando o proveito e a vacuidade parecerem ser contraditórios, use o exemplo de uma imagem no espelho:

- A imagem de um rosto é inegavelmente produzida na dependência de um rosto e de um espelho, embora seja vazia de olhos, orelhas e assim por diante, a imagem de um rosto inegavelmente desaparece na ausência do rosto ou do espelho.
- Da mesma forma, embora uma pessoa não tenha nem mesmo uma partícula de estabelecimento inerente, não é contraditório uma pessoa realizar ações, acumular carma, experimentar efeitos e nascer na dependência do carma e de emoções destrutivas.

11. Tente enxergar a ausência de contradição entre efetividade e vacuidade com respeito a todas as pessoas e coisas.

20
Observando como tudo depende do pensamento

"Aqui, até mesmo as variadas e agradáveis flores desabrochando
e nem as casas douradas e belas
têm um criador inerentemente existente.
São todas criadas pelo poder do pensamento.
Pelo poder da conceituação, o mundo todo é estabelecido."

BUDA

Quando você desenvolve uma ideia aproximada do que significa ser dependente do pensamento, deve se perguntar se as pessoas e coisas usualmente parecem existir dessa forma ou não. Quando somos afetados por emoções de maneira sutil, é difícil identificar como nos agarramos a elas. Portanto, reflita sobre uma ocasião em que sentiu ódio ou desejo intenso. A pessoa ou coisa que você odiava ou desejava parecia extremamente substancial, até mesmo totalmente imutável, não parecia? Se olhar bem de perto, compreenderá que é difícil afirmar que vê os fenômenos como dependentes do pensamento. Você perceberá que eles parecem existir por si próprios.

Quando eu tinha aproximadamente 35 anos, estava refletindo acerca do significado de uma passagem de Tsongkhapa sobre como o "eu" não pode ser encontrado dentro ou separado do complexo mente-corpo e como o "eu" depende da conceituação para existir. Aqui está o trecho do texto:

> "A forma e as tonalidades diferentes de uma corda enrolada são semelhantes às de uma cobra; assim, quando a corda é avistada em lugar com pouca luz, surge o pensamento: 'Isto é uma cobra'. Mas no momento em que a corda é vista como uma cobra, as partes e o conjunto de partes da corda não são, nem de longe, os de uma cobra. Portanto, essa cobra é criada meramente pela conceituação. Da mesma forma, quando o pensamento 'eu' surge na dependência da mente e do corpo, nada dentro da mente e nem do corpo – nem seu conjunto que é um continuum de momentos anteriores e posteriores, nem o conjunto das partes em um momento, nem as partes separadas, nem o continuum de qualquer uma das partes separadas – é, de forma alguma, o 'eu'. Além disso, não há nada que seja uma entidade diferente da mente e do corpo que possa ser apreendido como o 'eu'. Em consequência, o 'eu' é meramente estabelecido pela conceituação na dependência da mente e do corpo; não é determinado por meio de uma entidade própria."

De repente, foi como se um raio tivesse atravessado o meu peito. Fiquei tão assombrado que, nas semanas seguintes, sempre que via pessoas, elas pareciam ilusões de um mágico; elas pareciam existir inerentemente, mas eu sabia que, na verdade, não existiam. Foi quando comecei a entender que de fato é possível interromper o processo de criação de emoções destrutivas não aceitando mais a forma como o "eu" e outros fenômenos parecem existir. Todas as manhãs, medito sobre a vacuidade e me recordo daquela experiência para poder trazê-la para as atividades do dia. Só de pensar ou dizer "eu", como em "eu vou fazer isso e aquilo", muitas vezes aquela sensação é novamente desencadeada. Mas ainda não posso afirmar que tenho uma compreensão completa da vacuidade.

O SIGNIFICADO DE SER ESTABELECIDO PELA CONCEITUAÇÃO

No começo, flores bonitas ou uma casa maravilhosa parecem existir por si sós, separadas da consciência, mas não há nada ali que possa confirmar tal existência; na verdade, a origem é a percepção da mente. E o mesmo ocorre com todos os fenômenos. Quando buscamos por eles, não conseguimos encontrá-los como algo que existe por si só, apesar das aparências em contrário.

Os fenômenos existem por meio de seu benefício ou dano, que dependem da consciência. Eles nunca existiram, nunca existem, nem existirão por si sós, por direito próprio. Eles existem pelo poder da mente, pelo poder das convenções.

Na passagem citada no início deste capítulo, Buda diz que o mundo inteiro depende do pensamento conceitual. Da mesma forma, o *Tratado em Quatrocentos Versos* de Aryadeva, sobre as ações ióguicas dos Bodisatvas, diz:

> "Uma vez que desejo e assim por diante
> não existem sem conceituação,
> quem com inteligência afirmaria
> que esses são objetos reais e também conceituais?"

O comentário de Chandrakirti sobre esse verso indica que os fenômenos existem apenas na presença do pensamento conceitual:

"Aquilo que existe apenas quando existe a conceituação e não existe quando não há conceituação é, definitivamente e sem nenhuma dúvida, não estabelecido por meio de sua própria natureza, como uma cobra imaginada com base em uma corda enrolada."

EXPLORANDO O SIGNIFICADO

Como devemos entender a insistência dos mestres indianos e tibetanos sobre o quão crucial é o pensamento conceitual? Seria muito desconfortável considerar que, antes que tomemos conhecimento de qualquer objeto, precisemos ter um pensamento que o construa bem naquele instante. Por mais rápido que o pensamento opere, não haveria tempo suficiente para produzirmos todos os pensamentos que seriam necessários em um único momento de percepção visual.

De fato, os objetos externos fazem parte do processo de geração da consciência acerca deles, como quando vemos uma árvore e seu entorno, mas se a dependência do pensamento significasse que precisamos de um pensamento conceitual para construir tudo o que vemos, isso seria um absurdo. Portanto, afirmar que o mundo é estabelecido pelo pensamento conceitual significa que a existência dos objetos, sem depender de uma consciência, não pode ser estabelecida por si só. Dessa perspectiva, se diz que o mundo – todos os fenômenos, tanto pessoas como coisas – é estabelecido pelo pensamento conceitual.

Por exemplo, é óbvio que os efeitos dependem das causas, mas as causas também, em um sentido sutil, dependem dos efeitos. Cada causa em si é um efeito das próprias causas que o precederam e, portanto, surge na dependência de suas respectivas causas. Todos os sistemas budistas afirmam que os efeitos surgem na dependência de causas. Aqui, causa e efeito estão em uma sequência temporal, um efeito que ocorre após sua causa. Isso é originação dependente no sentido de *produção dependente.*

Somente a perspectiva filosófica mais elevada dentro do budismo contém uma reflexão adicional, porque a designação de algo como uma "causa" depende da consideração de seu efeito; neste sentido, uma causa depende de seu efeito. Uma causa não é uma causa em si; é chamada de "causa" em relação ao seu efeito. Aqui, o efeito não ocorre antes de sua causa, e sua causa não surge depois de seu efeito; é pensando em seu efeito futuro que designamos algo como uma causa. Isto é originação dependente no sentido de *designação dependente.*

Como Nagarjuna diz em seu *Fundamental Treatise on the Middle Called 'Wisdom'*:

> "Aquele que faz depende de um fazer,
> e um fazer existe na dependência daquele que faz.
> A não ser por meio da originação dependente, não vemos
> outra causa para que se estabeleçam."

Agente e ação dependem um do outro. Uma ação é estabelecida na dependência de um agente e um agente é estabelecido na dependência de uma ação. Uma ação surge na dependência de um agente e um agente surge na dependência de uma ação. No entanto, não estão relacionados da mesma forma que causa e efeito, uma vez que um não é produzido antes do outro.

Como é que, em geral, as coisas são relativas? Como é que uma causa é relativa ao seu efeito? É porque não se estabelece em si e por si só. Se não fosse assim, uma causa não precisaria depender de seu efeito. Mas não existe causa autossuficiente, e é por isso que não encontramos nada inerentemente existente quando analisamos uma causa, apesar de parecer à nossa mente cotidiana que cada coisa tem sua própria essência em si mesma. Pelo fato de as coisas estarem sob a influência de algo diferente de si mesmas, a designação de algo como uma causa depende necessariamente da consideração de seu efeito. Esse é o caminho pelo qual percebemos que essa compreensão mais sutil da originação dependente – como designação dependente – está correta.

Recentemente, quando estava no sul da Índia, depois de fazer uma peregrinação ao Monte Shri Parvata, onde Nagarjuna viveu no período final de sua vida, dei uma iniciação a um grande público em uma tradição budista chamada Kalachakra (Roda do Tempo). Durante a sessão, transmiti a explicação sobre o *Louvor à Originação Dependente* de Tsongkhapa junto a um ensinamento sobre *Fundamental Wisdom of The Middle Way* de Nagarjuna. Quando cheguei ao ponto onde Tsongkhapa indaga:

> Quando Buda disse: "Tudo aquilo que depende de condições
> é vazio de existência inerente própria",
> o que é mais incrível
> do que este conselho maravilhoso?

Eu pensei: "É verdade!". Refleti o seguinte: na verdade, pode haver alguns animais que conheçam a originação dependente de causa e efeito, mas para nós, humanos, a originação dependente de causa e efeito é inegável. Mas quando você vai além, essa originação dependente ocorre por causa da designação dependente que, por si só, indica que causa e efeito não têm existência própria; se tivessem uma essência própria, não teriam que ser designados de maneira dependente. Como diz Buddhapalita, discípulo de Nagarjuna, em um comentário sobre o capítulo 22 do *Treatise on the Middle*:

> "Se algo existe por meio de sua própria entidade, qual seria a necessidade de ser postulado de forma dependente?"

De fato, se algo existisse por si só, isso seria suficiente. Você poderia simplesmente dizer "é isso" sem precisar relacioná-lo com qualquer outra coisa. Mas como não é estabelecido em si e por si só, não há alternativa a não ser postulá-lo em relação a outra coisa. Sempre acho essa compreensão muito útil.

Da mesma forma, em *Os Três Aspectos Principais do Caminho para a Iluminação,* Tsongkhapa diz:

> "Com as duas realizações da originação dependente e da vacuidade existindo simultaneamente, sem alternância,
> esse conhecimento definitivo destrói por inteiro o modo de apreensão da existência inerente.
> Só ao ver o surgimento dependente como incontroverso,
> apenas nesse momento, a análise da visão da realidade estará completa."

Refletir sobre o entrelaçamento dependente, que é a essência da originação dependente de causa e efeito, confirma o entendimento de que os fenômenos são meramente nominais, meramente imputados e nada além isso. Quando você entende que a mera imputação enfraquece o conceito de que os fenômenos existem por si mesmos, sua tarefa de descobrir a visão budista da realidade está completa. Tenho esperança de estar me aproximando desse momento.

Se você compreender que, não importa o que apareça, seja para seus sentidos ou para sua mente, são objetos estabelecidos na dependência do pensamento, a ideia de que os fenômenos existem por si mesmos será superada. Você entenderá que não há verdade em considerar os fenômenos como existentes por si sós.

Você compreenderá a vacuidade, a ausência de existência inerente, que existe além da proliferação dos problemas que resultam de ver os fenômenos como existindo em si mesmos e isso oferece o remédio para eliminar o engano.

Reflexão meditativa

1. Revisite um momento em que você estava tomado pelo ódio ou pelo desejo.
2. Não parecia que a pessoa ou a coisa que era objeto do ódio ou do desejo era extremamente substancial, muito concreta?
3. Sendo assim, você não pode alegar que já vê os fenômenos como dependentes do pensamento.
4. Você os vê como se existissem por si próprios.
5. Lembre-se de que você precisa meditar com frequência sobre a vacuidade para fazer frente à falsa aparência dos fenômenos.

COMO ESSA REALIZAÇÃO AJUDA A IDENTIFICAR A EXISTÊNCIA INERENTE

Todos os sistemas budistas afirmam que existência e inexistência são determinadas por uma cognição válida. Dessa perspectiva, objeto e sujeito parecem ter o mesmo poder. O sistema budista mais elevado, chamado de Escola do Caminho do Meio, e dentro dele a Escola da Consequência vão ainda mais longe, dizendo que a cognição válida não encontra coisas que existem por si mesmas. Em vez disso, essas coisas surgem na dependência de serem estabelecidas pelo pensamento conceitual. Nada pode existir, a não ser que seja estabelecido pela conceituação. Tudo é visto como dependente da mente; a mente é quem autoriza.

É por isso que as escrituras budistas dizem que o "eu" e outros fenômenos existem apenas por meio do poder do pensamento conceitual. Embora o "eu" seja estabelecido na dependência da mente e do corpo, a mente e o corpo não são o "eu" e o "eu" não é mente e corpo. Não há nada na mente ou no corpo (na dependência do qual o "eu" é estabelecido) que seja o "eu". Portanto, o "eu" depende do pensamento conceitual. O "eu" e todos os outros fenômenos são estabelecidos apenas pela mente. Quando entende isso, você começa a ter alguma noção de que as pessoas não existem por si mesmas e são apenas estabelecidas de maneira dependente. E quando você vê que os fenômenos geralmente não parecem estar sob a influência da conceituação, mas parecem ter existência própria, você pensará: "Ah! É isso que está sendo refutado!".

Reflexão meditativa

Considere o seguinte:

1. O "eu" é estabelecido na dependência da mente e do corpo.
2. No entanto, a mente e o corpo não são o "eu", nem o "eu" é mente e corpo.
3. Portanto, o "eu" depende do pensamento conceitual, estabelecido pela mente.
4. O fato de o "eu" depender do pensamento implica que o "eu" não existe por si e em si só.
5. Agora observe que você tem uma noção melhor do que significa algo existir por si mesmo, a existência inerente que a realização da vacuidade visa negar.

PARTE VI

APROFUNDANDO O AMOR COM O INSIGHT

21
Sentindo empatia

"Saudações à preocupação amorosa com os seres que transmigram
impotentes como um balde subindo e descendo por um poço.
Porque inicialmente exageram a si mesmos, 'eu',
e, em seguida, geram apego pelas coisas, 'Isto é meu'."

SUPLEMENTO

CHANDRAKIRTI

Embora no início seja necessário ter uma forte vontade para desenvolver o amor e a compaixão, a vontade não é suficiente para desenvolver essas atitudes altruístas de maneira ilimitada. É importante unir a prática do amor e da compaixão à prática do insight. Mesmo que você tente ajudar alguém que o preocupa, sem o insight você não conseguirá ter muita clareza sobre os benefícios de seus esforços. É preciso uma combinação: um bom coração humano e também um bom cérebro humano. Com eles trabalhando juntos, podemos alcançar muitas coisas.

UMA METÁFORA PARA CONTEMPLAR

Na estrofe citada no início deste capítulo, Chandrakirti mostra como o insight pode aprofundar o amor por meio da compreensão do processo pelo qual sofremos. Ele compara esse processo à maneira como um balde se move para cima e para baixo em um poço. Quais são as semelhanças entre os nascimentos dos seres em uma vida e em outra e um balde em um poço? Existem seis semelhanças:

1. Assim como o balde está amarrado por uma corda, os seres estão condicionados por emoções contraproducentes e pelas ações impulsionadas por elas.
2. Assim como o movimento do balde para cima e para baixo no poço é executado por um operador, o processo da existência cíclica é conduzido por uma mente indomada, especificamente por acreditar de modo errôneo na existência inerente de um "eu" e, então, por compreender de maneira equivocada a natureza do "meu".
3. Assim como o balde sobe e desce uma e outra vez no poço, os seres sencientes vagueiam incessantemente no grande poço da existência cíclica, desde os estados superiores de felicidade transitória até os estados mais inferiores de dor transitória.
4. Assim como é preciso muito esforço para puxar o balde para cima, e embora ele desça facilmente, os seres precisam despender grande esforço para se elevar para uma vida mais feliz, mas facilmente caem em situações dolorosas.
5. Assim como um balde não determina seus próprios movimentos, os fatores envolvidos na formação da vida de uma pessoa são resultados da ignorância, do apego e das fixações do passado; no presente, esses mesmos fatores criam mais e

mais problemas para nossas vidas futuras, continuamente, como ondas no oceano.

6. Assim como o balde sobe e desce no poço se esbarrando nas paredes, os seres sencientes são golpeados dia a dia pelo sofrimento da dor e da mudança e por ficarem aprisionados em processos que estão além de seu controle.

Por meio dessa analogia, Chandrakirti nos permite compreender com mais detalhes o processo que conduz à existência cíclica.

Primeiro, aplique essas informações sobre a existência cíclica a você mesmo, para que possa compreender sua própria situação e desenvolver uma forte intenção de transcender essa dinâmica de problemas recorrentes. Se sua mente não for estimulada a pensar sobre a maneira como você vagueia em um ciclo vicioso e descontrolado de autodestruição, então, quando refletir sobre o processo de sofrimento de outros seres sencientes, você não achará a dor deles tão insuportável a ponto de sentir que precisa ajudá-los a se libertar desse atoleiro.

Reflexão meditativa

Considere o seguinte:

1. Assim como um balde em um poço está amarrado por uma corda, também sou condicionado por emoções contraproducentes e pelas ações impulsionadas por elas.
2. Assim como o movimento do balde para cima e para baixo no poço é executado por um operador, o processo da existência cíclica é conduzido por minha mente indomada, especificamente por acreditar de modo errôneo na existência inerente de um "eu" e de um "meu".

3. Assim como um balde sobe e desce continuamente no poço, eu vagueio incessantemente no grande poço da existência cíclica, desde os estados superiores de felicidade transitória até os estados mais inferiores de dor transitória.
4. Assim como é preciso muito esforço para puxar o balde, embora ele desça com facilidade, também tenho que fazer um grande esforço para me impulsionar para cima, rumo a uma vida mais feliz, embora caia facilmente em situações dolorosas.
5. Assim como um balde não determina seus próprios movimentos, os fatores que moldam minha vida são o resultado da ignorância, do apego e da fixação do passado; no presente, esses mesmos fatores estão continuamente criando mais problemas para minhas vidas futuras, como ondas no oceano.
6. Assim como um balde sobe e desce no poço batendo nas paredes, também sou açoitado dia após dia pelo sofrimento da dor e da mudança e por ficar aprisionado em processos além do meu controle.
7. Portanto, do fundo do meu coração, devo procurar a saída desta espiral cíclica de sofrimento.

ESTENDENDO ESTE INSIGHT AOS OUTROS

Agora que identificou a mecânica do sofrimento na situação em que você mesmo se encontra, pode estender essa compreensão à mesma situação de sofrimento de outros seres sencientes. No entanto, para que sua resposta seja de amor e compaixão, não é suficiente apenas saber como os outros seres sofrem; é preciso também cultivar uma sensação de proximidade com eles. Caso contrário, pode ser que você se sinta mais feliz, quanto mais reconhecer o sofrimento de seus inimigos! Como disse Tsongkhapa:

> "No mundo, quando o sofrimento é reconhecido em um inimigo, isso não é apenas suportável, mas é causa de deleite. Quando pessoas que não o ajudaram nem prejudicaram forem vistas sofrendo, na maioria dos casos você não prestará atenção à situação delas. Essa reação é causada por não termos um senso de proximidade com essas pessoas. Mas quando você vê amigos sofrendo, isso é insuportável [no sentido de que você deseja fazer algo a respeito], e o grau de insuportabilidade é proporcional à sensação de proximidade com eles. Portanto, é essencial que você gere um forte sentimento de carinho e afeição pelos seres sencientes."

O verdadeiro amor e a compaixão surgem com base no respeito pelos outros. Esse sentimento de empatia é alcançado reconhecendo que você e todos os outros – sejam amigos, inimigos ou seres neutros – compartilham uma mesma aspiração fundamental, de querer a felicidade e não o sofrimento, mesmo que a visão do que é felicidade e sofrimento seja diferente. Além disso, a consciência de que, ao longo de incontáveis vidas, todos os seres em algum momento foram sua mãe ou seu amigo mais próximo também ajuda. (Expliquei esses pontos em detalhes no livro *How to Expand Love*).

Com os pré-requisitos de sensação de proximidade e de intimidade com todos, o insight sobre como os seres sencientes vagueiam impotentes na existência cíclica serve para intensificar o amor e a compaixão. Na presença da intimidade e do insight, o amor, a compaixão e o desejo de ajudar os outros surgem sem qualquer dificuldade.

Reflexão meditativa

Traga à mente um amigo e cultive estas três dimensões do amor:

1. Essa pessoa deseja a felicidade, mas não a possui. Que bom seria se ela pudesse ser permeada pela felicidade e por todas as causas da felicidade!

2. Essa pessoa deseja a felicidade, mas não a possui. Que ela seja permeada pela felicidade e por todas as causas da felicidade!

3. Essa pessoa deseja a felicidade, mas não a possui. Farei tudo o que puder para ajudá-la a ser permeada pela felicidade e por todas as causas da felicidade!

Agora cultive as três dimensões da compaixão:

1. Essa pessoa deseja a felicidade e não deseja o sofrimento, mas está acometida por uma dor terrível. Que bom seria se essa pessoa pudesse se libertar do sofrimento e das causas do sofrimento!

2. Essa pessoa deseja a felicidade e não deseja o sofrimento, mas está acometida por uma dor terrível. Que essa pessoa seja livre do sofrimento e das causas do sofrimento!

3. Essa pessoa deseja a felicidade e não deseja o sofrimento, mas está acometida por uma dor terrível. Eu vou ajudar essa pessoa a se livrar do sofrimento e de todas as causas do sofrimento!

Agora cultive o comprometimento total:

1. A existência cíclica é um processo regido pela ignorância.
2. Portanto, é realista trabalhar para alcançar a iluminação e ajudar os outros a fazer o mesmo.
3. Mesmo que eu tenha que fazer isso sozinho, libertarei todos os seres sencientes do sofrimento e das causas do sofrimento, e os conduzirei à felicidade e suas causas.

Traga à mente os seres individualmente, um a um – primeiro os amigos, depois pessoas neutras e, em seguida, inimigos, começando pelo menos ofensivo – e repita essas reflexões com cada um deles. Isso levará meses e anos, mas o benefício dessa prática será imenso.

22
Refletindo sobre a impermanência

"No Tibete, havia praticantes em retiro
que refletiam sobre a impermanência tão intensamente
que não lavavam os pratos depois do jantar."

PALAVRAS DO MEU PROFESSOR PERFEITO

PATRUL RINPOCHE

Neste capítulo, explicarei a impermanência, o primeiro dos dois níveis mais profundos de insight sobre o processo da existência cíclica. O segundo, a vacuidade, será tratado no próximo capítulo.

UMA METÁFORA PARA A IMPERMANÊNCIA

Um reflexo da lua brilha na superfície de um lago ondulado pela brisa. Um enorme rio de ignorância que, erroneamente, acredita que a mente-corpo seja inerentemente existente flui para o lago do "eu" considerado de forma equivocada como inerentemente existente. O lago é agitado pelos ventos de pensamentos contraproducentes e de ações benéficas e prejudiciais. O reflexo cintilante da lua simboliza tanto o nível grosseiro da impermanência, devido à morte, quanto o nível sutil de impermanência, devido à desintegração, que rege momento a momento os seres sencientes. O brilho das ondulações ilustra a impermanência à qual os seres sencientes estão sujeitos e você deve ver os seres sencientes dessa forma. Ao refletir sobre esta metáfora, você pode desenvolver um insight sobre como os seres são desnecessariamente atraídos para o sofrimento por estarem fora de sintonia com sua própria natureza; esse insight, por sua vez, estimula o amor e a compaixão.

A REALIZAÇÃO DA IMPERMANÊNCIA

Estamos sob a influência de uma ilusão de permanência, por isso pensamos que sempre nos resta muito tempo. Essa crença equivocada nos coloca em grande risco de desperdiçar nossas vidas na procrastinação, o que é especialmente prejudicial quando somos abençoados com tempo livre e oportunidades para nos engajarmos em práticas produtivas. Para neutralizar essa tendência, é importante meditar sobre a impermanência – primeiramente sobre o fato de que a morte pode vir a qualquer momento e, em seguida, sobre a natureza transitória de nossas vidas.

Uma das principais razões pelas quais o desejo e o ódio surgem é estarmos excessivamente apegados ao fluxo atual da vida. Temos a sensação de que vai durar para sempre e, com esse tipo de atitude, nos fixamos às superficialidades – posses materiais, amigos e situações temporárias. Para superar essa ignorância, você precisa refletir sobre o fato de que chegará o dia em que você não estará mais aqui.

Mesmo que não haja certeza de que você vai morrer esta noite, quando você cultiva a consciência da morte, você reconhece que *poderia* morrer esta noite. Sem essa consciência da morte, ainda que haja algo que possa ser feito para ajudá-lo nesta vida e na próxima, você dará prioridade a algo que o ajudaria apenas nesta vida de uma forma superficial. Além disso, por não ter certeza sobre quando a morte virá, você se absterá de fazer algo que possa prejudicar sua vida presente e futura. Você ficará motivado a desenvolver perspectivas que possam ser antídotos para as várias formas de mente indomada. Então, quer você viva um dia, uma semana, um mês ou um ano, esse tempo será significativo, porque seus pensamentos e ações serão baseados no que é benéfico a longo prazo. Por outro lado, quando você fica sob a influência da ilusão de permanência e gasta seu tempo em assuntos que não vão além da superficialidade desta vida, você sofre uma grande perda.

O fato de que as coisas mudam momento a momento abre a possibilidade de um desenvolvimento positivo. Se as situações não se alterassem, seu aspecto de sofrimento se manteria para sempre. Depois de perceber que as coisas estão em constante transformação, quando você estiver passando por um período difícil poderá encontrar conforto em saber que a situação não permanecerá assim para sempre.

É da natureza da existência cíclica que o que se reuniu – pais, filhos, irmãos, irmãs e amigos – acabe se dispersando. Não importa o quanto os amigos gostem uns dos outros, ao final se separarão. Gurus e alunos, pais e filhos, irmãos e irmãs, maridos e esposas e os melhores amigos – não importa quem sejam – ao final, necessariamente, irão se distanciar. Além de se afastar de todos os amigos, toda a riqueza e os recursos que você acumulou – por mais maravilhosos que sejam – se tornarão inúteis; a brevidade da vida presente o forçará a deixar bens e fortuna para trás. O filósofo e iogue indiano Shantideva fala com grande eloquência sobre a impermanência, dizendo que, não importa quão maravilhosa sua vida presente venha a ser, é como sonhar com o prazer e então ser despertado – nada resta, exceto a memória. Como diz o Buda no *Sutra do Cortador de Diamantes*:

> "Veja coisas compostas de causas
> como sendo estrelas cintilantes,
> imagens vistas devido a uma doença dos olhos,
> a luz bruxuleante de uma lamparina de manteiga, ilusões mágicas,
> orvalho, bolhas, sonhos, relâmpagos e nuvens."

Quando estou prestes a iniciar uma palestra diante de uma grande multidão olhando para mim em busca de sabedoria e insight, repito para mim mesmo essas linhas sobre a fragilidade de todas as coisas e estalo os dedos, um breve som que simboliza a impermanência. É assim que me lembro que em breve estarei descendo da minha posição atual. Qualquer ser vivo – não importa quanto tempo viva – acabará morrendo. Não há outro caminho. Uma vez que você habita na existência cíclica, não pode viver separado de sua natureza. Por mais maravilhosas que as coisas sejam, faz parte de sua própria natureza que elas e você, ao final, degenerem. Como disse o Buda: "Veja que o corpo é impermanente como um vaso de barro".

A boa fortuna não é permanente; consequentemente, é perigoso apegar-se demais às coisas que estão indo bem. Qualquer impressão de permanência é desastrosa. Quando o presente se torna sua preocupação e o futuro não importa, isso mina sua motivação para se engajar em práticas compassivas para a iluminação futura de outras pessoas. Por outro lado, a visão da impermanência fornece a motivação adequada.

Você tem certeza de que morrerá em algum momento, mas não sabe quando o fim chegará. É preciso se preparar para que, caso morra esta noite, não haja arrependimentos. Se você desenvolver uma apreciação pela iminência da morte, a percepção da importância de usar o tempo com sabedoria ficará cada vez mais intensa. Como diz Nagarjuna em *A Grinalda Preciosa*:

> "Você está vivendo em meio às causas da morte
> como uma lamparina ao vento.
> Tendo abandonado todas as posses,
> ao morrer, impotente, você deve ir para outro lugar.
> Mas tudo o que foi usado para a prática espiritual
> o precederá como bom carma."

Se tiver em mente a rapidez com que esta vida se esvai, você valorizará seu tempo e fará o que for mais útil. Com uma forte sensação da iminência da morte, você sentirá a necessidade de se engajar na prática espiritual para treinar sua mente e não perder tempo com distrações como comer e beber ou conversas intermináveis sobre guerra, romance e fofoca.

Para quem não consegue nem mesmo ouvir a palavra *morte*, por mais real que seja, a chegada da morte provavelmente trará grande desconforto e medo. Mas quem está acostumado a refletir sobre a iminência da morte está preparado para enfrentá-la sem remorso. Pensar sobre a incerteza da hora da morte desenvolve uma mente que é pacífica, disciplinada e virtuosa, porque busca mais do que as coisas superficiais desta curta vida.

Todos nós compartilhamos uma existência marcada pelo sofrimento e pela impermanência. Quando reconhecemos o quanto temos em comum, vemos que não há sentido em sermos agressivos uns com os outros. Imagine um grupo de prisioneiros que está prestes a ser executado. Após sua permanência na prisão, todos eles encontrarão seu fim, portanto é insensato brigar durante os dias que restam. Da mesma forma que esses prisioneiros, todos nós estamos presos ao sofrimento e à impermanência. Sob tais circunstâncias, não há absolutamente nenhuma razão para brigarmos uns com os outros ou desperdiçarmos toda a nossa energia, mental e física, acumulando dinheiro e propriedades.

Reflexão meditativa

Contemple profundamente o seguinte:

1. É certo que vou morrer. A morte não pode ser evitada. Meu tempo de vida está se esgotando e não pode ser prolongado.
2. O momento da minha morte é incerto. A duração da vida dos seres humanos varia. As causas da morte são muitas, e as causas da vida, comparativamente, poucas. O corpo é frágil.
3. Na morte, nada ajudará, exceto minha atitude transformada. Os amigos não ajudarão em nada. Minha riqueza será inútil, tampouco meu corpo.
4. Estamos todos na mesma situação de risco; portanto, não há sentido em discutir e brigar ou desperdiçar toda a nossa energia mental e física acumulando dinheiro e propriedades.
5. Devo praticar agora para reduzir meu apego a fantasias passageiras.
6. Do fundo do meu coração, devo procurar ir além deste ciclo de sofrimento gerado por não enxergar o impermanente como permanente.

A IMPERMANÊNCIA SUTIL

As substâncias que constituem os objetos ao nosso redor se desintegram a cada momento; da mesma forma, a consciência interna com a qual observamos esses objetos externos também se desintegra a cada momento. Essa é a natureza da impermanência sutil. Os físicos de partículas não dão como certa a aparência de um objeto sólido, como uma mesa; em vez disso, eles olham para as mudanças em seus elementos menores.

A felicidade comum é como o orvalho na ponta de uma folha de grama, que desaparece muito rapidamente. Quando some, revela que é impermanente e que está sob o controle de outras forças, causas e condições. Seu desaparecimento também mostra que não há como fazer com que tudo dê certo; não importa o que faça dentro do escopo da existência cíclica, não é possível escapar do sofrimento. Ao ver que a verdadeira natureza das coisas é a impermanência, quando a mudança ocorrer não haverá surpresas, nem mesmo com a morte.

Reflexão meditativa

Considere o seguinte:

1. Minha mente, corpo, posses e vida são impermanentes simplesmente porque são produzidos por causas e condições.
2. As mesmas causas que produzem minha mente, corpo, posses e vida também fazem com que eles se desintegrem a cada momento.
3. O fato de que as coisas têm uma natureza de impermanência indica que elas não estão sob seu próprio poder; elas funcionam sob influência externa.

4. Considerar o que se desintegra a cada momento como algo constante causa dor para mim e também para os outros.
5. Do fundo do meu coração, devo procurar ir além desse ciclo de sofrimento induzido por confundir o impermanente com o permanente.

ESTENDENDO ESSA REFLEXÃO AOS OUTROS

Visto que nossas atitudes de permanência e auto apreciação nos arruínam, as meditações sobre a impermanência e a vacuidade da existência inerente, de um lado, e o amor e a compaixão, do outro, são as mais proveitosas. É por isso que o Buda enfatizou que as duas asas do pássaro que voa para a iluminação são compaixão e sabedoria.

Extrapolando a partir de sua própria experiência de não reconhecer o impermanente pelo que ele realmente é, você pode compreender que os outros seres sencientes que vagueiam por formas ilimitadas de existência cíclica cometem o mesmo erro. Contemple o sofrimento inconcebível deles que, assim como você, desejam a felicidade e não o sofrimento. Ao longo de inúmeras existências, eles têm sido seus amigos mais próximos, sustentando você com bondade, o que os torna íntimos. Ao ver que tem a responsabilidade de ajudá-los a encontrar felicidade e se libertar do sofrimento, você desenvolve grande amor e compaixão.

Às vezes, quando visito uma grande cidade, e me hospedo em um andar alto de algum hotel, observo o trânsito, centenas e até milhares de carros indo para um lado e para outro, e reflito que, embora todos esses seres sejam impermanentes, eles pensam: "Eu quero ser feliz", "Preciso fazer este trabalho", "Tenho que conseguir dinheiro", "Preciso fazer aquilo". Eles estão erroneamente imaginando que são permanentes. Pensar assim desperta minha compaixão.

Reflexão meditativa

Traga um amigo à mente, e então considere e sinta o seguinte:

1. A mente, o corpo, os bens e a vida dessa pessoa são impermanentes porque são produzidos por causas e condições.
2. As mesmas causas que produzem a mente, o corpo, os bens e a vida dessa pessoa também fazem com que se desintegrem a cada momento.
3. O fato de que as coisas têm uma natureza de impermanência indica que elas não estão sob seu próprio poder; elas funcionam sob influência externa.
4. Ao confundir o que se desintegra a cada momento com algo constante, esse meu amigo causa dor para si mesmo e para os outros.

Agora cultive as três dimensões do amor:

1. Essa pessoa deseja a felicidade, mas não a possui. Que bom seria se ela pudesse ser permeada pela felicidade e por todas as causas da felicidade!
2. Essa pessoa deseja a felicidade, mas não a possui. Que ela seja permeada pela felicidade e por todas as causas da felicidade!
3. Essa pessoa deseja a felicidade, mas não a possui. Farei tudo o que puder para ajudá-la a ser permeada pela felicidade e por todas as causas da felicidade!

Agora cultive três níveis de compaixão:

1. Essa pessoa deseja a felicidade e não deseja o sofrimento, mas está acometida por uma dor terrível. Que bom seria se essa pessoa pudesse ser livre do sofrimento e das causas do sofrimento!
2. Essa pessoa deseja a felicidade e não deseja o sofrimento, mas está acometida por uma dor terrível. Que essa pessoa seja livre do sofrimento e das causas do sofrimento!
3. Essa pessoa deseja a felicidade e não deseja o sofrimento, mas está acometida por uma dor terrível. Eu vou ajudar essa pessoa a se livrar do sofrimento e de todas as causas do sofrimento!

Agora cultive o comprometimento total:

1. A existência cíclica é um processo regido pela ignorância.
2. Portanto, é realista trabalhar para alcançar a iluminação e ajudar os outros a fazer o mesmo.
3. Mesmo que eu tenha que fazer isso sozinho, libertarei todos os seres sencientes do sofrimento e das causas do sofrimento, e conduzirei todos os seres sencientes à felicidade e suas causas.

Traga à mente os seres individualmente, um a um – primeiro os amigos, depois pessoas neutras e, em seguida, inimigos, começando pelo menos ofensivo – e repita essas reflexões com cada um deles. Isso levará meses e anos, mas o benefício dessa prática será imenso.

23
Praticando a absorção no amor supremo

"Não é suficiente que a doutrina seja excelente.
A pessoa deve ter uma atitude excelente."

DITADO TIBETANO

Agora passamos para o nível mais profundo de amor e compaixão, que se torna possível pelo conhecimento da vacuidade de existência inerente. Chandrakirti apresenta da seguinte maneira:

> "Presto homenagem à preocupação amorosa que vê os transmigradores como vazios de existência inerente, embora pareçam existir inerentemente como um reflexo da lua na água."

O reflexo da lua em águas claras e calmas se parece com a lua em todos os aspectos, mas não é, de fato, a lua; esta, na verdade, está no céu. Esta imagem simboliza o surgimento do "eu" e de todos os outros fenômenos como se existissem inerentemente: embora pareçam existir por si sós, eles são vazios. Como alguém que confunde um reflexo da lua com a lua, confundimos a aparência do "eu" e de outros fenômenos com coisas que existem por si sós.

Você pode usar esta metáfora para desenvolver uma visão de como somos desnecessariamente atraídos para o sofrimento ao aceitarmos as falsas aparências, nos tornando, assim, vítimas do desejo e do ódio e de todas as ações que derivam deles, acumulando carma e renascendo repetidamente em um ciclo de dor. Esse insight estimulará profundamente o amor e a compaixão, porque você verá nitidamente como todos esses males são desnecessários.

Aqui, os seres sencientes são vistos não apenas como seres em sofrimento, como um balde batendo nas paredes de um poço, imbuídos de impermanência tal qual um reflexo cintilante, mas também como seres sujeitos à ignorância de aceitar a falsa aparência de existência inerente. Com esse insight fresco em sua mente, surgem um grande amor e uma grande compaixão por eles; você se sente próximo porque eles querem a felicidade e não desejam o sofrimento, assim como você, e sente o impacto de eles terem sido seus amigos próximos ao longo de incontáveis existências, sustentando-os com bondade.

Para ganhar acesso a essa profundidade de amor e compaixão, é necessário primeiro compreender que você mesmo e outros seres sencientes são vazios de existência inerente. Portanto, vamos revisar as etapas para realizar a natureza última do "eu".

Reflexão meditativa

1. Como você fez anteriormente, traga à mente o alvo da sua reflexão, o "eu" inerentemente estabelecido, lembrando-se ou imaginando uma situação em que você acreditou fortemente nele.

2. Observe a ignorância que se sobrepõe à existência inerente e identifique-a.
3. Coloque ênfase especial em contemplar o fato de que se o "eu" fosse realmente estabelecido como inerentemente existente, o "eu" e o complexo mente-corpo teriam que ser a mesma coisa ou diferentes.
4. Então, contemple intensamente o absurdo das afirmações de que o "eu" e o complexo mente-corpo são a mesma coisa ou diferentes, vendo e sentindo a impossibilidade de as seguintes afirmações serem corretas:

UMA MESMA COISA

- O "eu" e mente-corpo teriam que ser totalmente e, em todos os sentidos, um.
- Nesse caso, afirmar um "eu" não faria sentido.
- Seria impossível pensar em "meu corpo", "minha cabeça" ou "minha mente".
- Quando a mente e o corpo não existissem mais, o "eu" também não existiria.
- Uma vez que mente e corpo são plurais, os "eus" de uma pessoa também seriam plurais.
- Uma vez que o "eu" é apenas um, a mente e o corpo também seriam um.
- Assim como a mente e o corpo são produzidos e se desintegram, então teria que ser afirmado que o "eu" é inerentemente produzido e inerentemente se desintegra. Nesse caso, nem os efeitos prazerosos das ações virtuosas nem

os efeitos dolorosos das ações não-virtuosas produziriam frutos para nós, ou experienciaríamos os efeitos de ações que não foram cometidas por nós.

DIFERENTES

- O "eu" e o complexo mente-corpo teriam que ser completamente separados.
- Nesse caso, o "eu" teria que ser encontrado depois que a mente e o corpo fossem eliminados.
- O "eu" não teria as características de ser produzido, de permanência e desintegração, o que é um absurdo.
- O "eu" absurdamente teria que ser apenas uma invenção da imaginação ou permanente.
- Absurdamente, o "eu" não teria quaisquer características físicas ou mentais.

5. Ao não encontrar esse "eu", conclua firmemente: "Nem eu nem qualquer pessoa é inerentemente estabelecida".
6. Determinação: Do fundo do meu coração, devo procurar ir além deste ciclo de sofrimento causado por mim mesmo ao interpretar erroneamente o que não existe inerentemente como inerentemente existente.

ESTENDENDO ESSA REFLEXÃO AOS OUTROS

Atitudes destrutivas são nossos inimigos internos, a base de todos os problemas. Como são produzidas? A partir do desejo e do ódio, cuja raiz é a ignorância. Uma vez que essas emoções aflitivas causam apenas danos e nunca ajudam, elas devem ser superadas. Para fazermos isso, devemos lidar com suas causas.

Todas as emoções problemáticas derivam da emoção destrutiva básica, uma consciência ignorante que não sabe como as pessoas e as coisas realmente são e que interpreta sua natureza equivocadamente. Devemos ver as emoções destrutivas como inimigas, primeiro identificando-as e depois empregando técnicas para destruí-las.

Movidos por emoções aflitivas, nos envolvemos em ações que estabelecem tendências contraproducentes na mente. Ações não virtuosas resultam em renascimento em vidas mais infelizes, e ações virtuosas resultam em renascimento em vidas mais felizes. No entanto, ambos se originam de uma vasta ignorância. Realizando a verdade de maneira direta – a vacuidade de existência inerente – e se familiarizando com ela por meio da meditação, o carma que impulsiona seu renascimento na existência cíclica não será mais acumulado; estará sob o seu poder dirigir seu renascimento a fim de ajudar os outros de forma mais eficaz.

Visto que a existência cíclica está enraizada na compreensão equivocada da existência inerente, a única maneira de ser liberado é reconhecer essa falácia pelo que ela é. Embora existam muitos fatores que produzem a existência cíclica, ela só pode ser cortada em sua raiz – a ignorância –, pois esta é a fonte de todas as outras causas. Por meio das reflexões meditativas contidas neste livro, você aprendeu como cultivar antídotos para essas causas, com o objetivo de pôr fim ao sofrimento e às suas origens. Ao internalizar esse processo, você pode gerar a intenção de alcançar a liberação com algo mais do que apenas palavras.

Com a prática, seus objetivos se transformarão; você gerará uma intenção sincera de se libertar do ciclo de dor e, nesse momento, você se torna um praticante espiritual de capacidade mais ampla. Como o erudito e iogue tibetano Tsongkhapa nos diz em seu ensinamento "Três Principais Aspectos do Caminho para a

Iluminação", a partir desse momento você se concentrará noite e dia em alcançar a liberação: com a intenção de obter alívio. Do fundo de sua mente, você decidiu que, se não atingir a liberação de todo o processo da existência cíclica, o propósito de sua vida humana não terá sido cumprido.

Ser um humano é a melhor base possível para alcançar a liberação da existência cíclica, utilizando as três práticas da moralidade, meditação concentrada e sabedoria. A prática da moralidade envolve restringir deliberadamente comportamentos negativos de corpo, fala e mente. Comportamentos não virtuosos mais sutis são suprimidos por meio do treinamento na meditação concentrada do calmo permanecer. O abandono final das más ações é alcançado com o treinamento na sabedoria do insight sobre a vacuidade de existência inerente.

Inicialmente, é preciso treinar a moralidade porque, quando você opera sob a influência de emoções aflitivas grosseiras, seu comportamento físico e verbal se torna rude, prejudicando a si mesmo e aos outros. A moralidade envolve controlar essas atividades grosseiras para que não se manifestem; no entanto, a prática da moralidade não é capaz de erradicar as emoções aflitivas. E você só alcançará a libertação quando essas emoções forem completamente extintas.

Este é o procedimento a seguir depois de compreender sua situação na existência cíclica:

1. Primeiro, treine para reconhecer a dimensão do sofrimento nesta vida.

2. Em seguida, gere aversão por todas as formas de existência no ciclo de sofrimento, chamado de "existência cíclica", e treine em moralidade, meditação concentrada e sabedoria.

3. Finalmente, por meio da realização completa dessas práticas, você poderá atingir um estado de liberação da existência cíclica, no qual o sofrimento terá sido completamente extinto.

Desta forma, você pode alcançar a liberação, mas ainda assim seus objetivos não terão sido plenamente realizados. Você ainda não superou o principal obstáculo para dispor de uma capacidade plena de ajudar os outros: as predisposições que a ignorância da verdadeira natureza das pessoas e das coisas deixam na mente. Ainda que a ignorância em si tenha sido superada, essas predisposições permanecem latentes na mente, impedindo-o de conhecer tudo o que pode ser conhecido.

Enquanto estiver nesse estado, mesmo que você tente ajudar os outros, não conseguirá alcançar mais do que um pequeno benefício. Embora seja inquestionavelmente benéfico alcançar a liberação da existência cíclica, em termos de qualidade da mente, sua perspectiva ainda prioriza seu próprio bem-estar. Em termos do seu próprio progresso, o processo de superar obstruções e realizar estados mais elevados ainda não está completo; você ainda está vivendo em uma forma de paz solitária.

É importante não sustentar essa tendência à paz solitária, porque, ao almejar meramente a liberação para o seu próprio benefício, o processo de atingir a iluminação altruísta direcionada para o bem dos outros, que é o objetivo final, é adiado. Ao cuidar principalmente de si mesmo, a atitude autocentrada é fortalecida; mais tarde, quando estiver treinando o desenvolvimento do amor e da compaixão incomensuráveis, será difícil superar essa atitude. Portanto, é crucial, desde o início, não investir todo o poder da mente em seu próprio benefício.

Ao realizar a vacuidade, você percebe que é possível se libertar da armadilha da existência cíclica, o que fortalece sua decisão de abandoná-la; ao compreender que o sofrimento dos outros também é induzido pela ignorância, você compreende que é possível que eles se libertem de todo sofrimento, o que fortalece sua decisão de ajudá-los. Dessa forma, o insight torna o amor e a compaixão expressões realistas de um conhecimento profundo. Como disse o Buda, "A compaixão do Buda pelos seres sencientes é gerada através da contemplação: 'Embora todos os fenômenos sejam vazios, os seres sencientes se agarram a visões de existência inerente'".

Compreendendo que os seres são vazios de existência inerente e vendo holisticamente como produzem sofrimento para si mesmos por meio da ignorância da natureza das pessoas e de outros fenômenos, você desenvolve amor e compaixão ainda mais profundos. Realizar a vacuidade da existência inerente abre o caminho para intensificar o amor e a compaixão. Realizar a natureza última das pessoas e das coisas nos traz à mente os incontáveis seres sencientes que, assim como você, desejam felicidade e não desejam sofrimento, e que ao longo de incontáveis vidas foram seus amigos próximos, sustentando-os com bondade. Essa sensação de proximidade, combinada com o conhecimento da razão pela qual sofrem em infindáveis ciclos de dor, desperta em você uma grande preocupação com o bem-estar de todos os seres.

Reflexão meditativa

Traga um amigo à mente e, enquanto se recorda do processo da existência cíclica autodestrutiva, considere o seguinte:

1. Assim como eu, esta pessoa está perdida em um oceano de compreensão equivocada que considera o "eu" como inerentemente existente, alimentado por um enorme rio de ignorância que vê de forma equivocada mente e corpo como inerentemente existentes, agitado por ventos de pensamentos e ações contraproducentes.

2. Como alguém que confunde um reflexo da lua na água com a própria lua, essa pessoa confunde a aparência do "eu" e de outros fenômenos com o significado de sua própria existência.
3. Ao aceitar essa falsa aparência, essa pessoa é inevitavelmente atraída para o desejo e o ódio, acumulando carma e nascendo uma e outra vez em um ciclo de dor.
4. Através deste processo, essa pessoa causa dor para si mesma desnecessariamente, bem como para os outros.

Agora cultive as três dimensões de amor:

1. Essa pessoa deseja a felicidade, mas não a possui. Que bom seria se ela pudesse ser permeada pela felicidade e por todas as causas da felicidade!
2. Essa pessoa deseja a felicidade, mas não a possui. Que ela seja permeada pela felicidade e por todas as causas da felicidade!
3. Essa pessoa deseja a felicidade, mas não a possui. Farei tudo o que puder para ajudá-la a ser permeada pela felicidade e por todas as causas da felicidade!

Agora cultive as três dimensões da compaixão:

1. Essa pessoa deseja a felicidade e não deseja o sofrimento, mas está acometida por uma dor terrível. Que bom seria se essa pessoa pudesse ser livre do sofrimento e das causas do sofrimento!
2. Essa pessoa deseja a felicidade e não deseja o sofrimento, mas está acometida por uma dor terrível. Que esta pessoa seja livre do sofrimento e das causas do sofrimento!

3. Essa pessoa deseja a felicidade e não deseja o sofrimento, mas está acometida por uma dor terrível. Eu vou ajudar essa pessoa a se livrar do sofrimento e de todas as causas do sofrimento!

Agora cultive o comprometimento total:

1. A existência cíclica é um processo regido pela ignorância.
2. Portanto, é realista trabalhar para alcançar a iluminação e ajudar os outros a fazerem o mesmo.
3. Mesmo que eu tenha que fazer isso sozinho, libertarei todos os seres sencientes do sofrimento e das causas do sofrimento, e conduzirei todos os seres sencientes à felicidade e suas causas.

Traga à mente os seres individualmente, um a um – primeiro os amigos, depois pessoas neutras e, em seguida, inimigos, começando pelo menos ofensivo –, e repita essas reflexões com cada um deles. Isso levará meses e anos, mas o benefício dessa prática será imenso.

O IMPACTO DO AMOR E DA COMPAIXÃO INCOMENSURÁVEIS

Disponha-se a se familiarizar com essa atitude, assumindo a responsabilidade de proteger todos os seres sencientes de todos os problemas; faça isso repetidamente e com análises regulares. Sua empatia será tão grande que permeará todo o seu ser. Sem desejar qualquer recompensa, seu objetivo será apenas o desenvolvimento de outras pessoas, sem nunca se sentir desanimado ou desencorajado em sua tarefa.

APÊNDICE

Revisão das reflexões meditativas

PARTE I. A NECESSIDADE DO INSIGHT

1. PREPARANDO O TERRENO PARA O CULTIVO DO INSIGHT

1. Todas as emoções contraproducentes são baseadas e dependem da ignorância sobre a verdadeira natureza das pessoas e das coisas.
2. Existem maneiras específicas de suprimir temporariamente o anseio e o ódio, mas se minarmos a ignorância que concebe erroneamente a natureza de nós mesmos, dos outros e de todas as coisas, todas as emoções destrutivas serão atenuadas.
3. A ignorância vê os fenômenos – que em realidade não existem por si sós – como se existissem independentemente do pensamento.

2. DESCOBRINDO A FONTE DOS PROBLEMAS

Considere o seguinte:

1 A atratividade de um objeto parece ser parte integrante do próprio objeto?

2. A atratividade de um objeto obscurece suas falhas e desvantagens?

3. O exagero da atratividade de certos objetos leva ao desejo?

4. O exagero da qualidade desagradável de certos objetos leva ao ódio?

5. Observe como você:

    - Primeiro percebe um objeto;
    - Em seguida, observa se o objeto é bom ou ruim;
    - Em seguida, conclui que o objeto tem sua própria base independente para existir;
    - Em seguida, conclui que a qualidade boa ou ruim do objeto é inerente ao objeto;
    - Em seguida, gera desejo ou ódio de acordo com seu julgamento anterior.

3. POR QUE É NECESSÁRIO COMPREENDER A VERDADE

Reflita sobre o seguinte:

1. A ignorância leva ao exagero da importância da beleza, da feiura e de outras qualidades.
2. O exagero dessas qualidades leva ao desejo, ódio, ciúme, agressividade e assim por diante.

3. Essas emoções destrutivas levam a ações contaminadas por uma percepção equivocada.
4. Essas ações (carma) levam aos inevitáveis nascimentos e renascimentos na existência cíclica e aos repetidos envolvimentos em problemas.
5. Remover a ignorância reduz o exagero de qualidades positivas e negativas; isso enfraquece o desejo, o ódio, o ciúme, a agressividade e assim por diante, pondo fim às ações contaminadas pela percepção equivocada, cessando assim os inevitáveis nascimentos e renascimentos na existência cíclica.
6. O insight é a saída.

PARTE II. COMO MINAR A IGNORÂNCIA

4. SENTINDO O IMPACTO DA INTERDEPENDÊNCIA

1 Traga à mente um fenômeno impermanente, como uma casa.

2 Reflita sobre seu surgimento na dependência de causas específicas: madeira, carpinteiros e assim por diante.

3. Veja se essa dependência entra em conflito com a sua aparência de existir por si mesma.

Em seguida:

1. Traga à mente um fenômeno impermanente, como um livro.
2. Considere seu surgimento na dependência de suas partes – suas páginas e capa.
3. Verifique se a dependência com respeito às suas partes conflita com sua aparência de existir por si só.

Depois:

1. Considere a consciência que presta atenção a um vaso azul.
2. Reflita sobre seu surgimento na dependência de suas partes – os vários momentos que constituem seu continuum.
3. Verifique se a dependência com respeito às suas partes conflita com sua aparência de existir por si só.

E então:

1. Considere o espaço em geral.
2. Reflita sobre como ele passa a existir na dependência de suas partes – norte, sul, leste e oeste.
3. Verifique se a dependência com respeito às suas partes conflita com sua aparência de existir por si só.

Além disso:

1. Considere o espaço de uma xícara.
2. Reflita sobre como ele passa a existir na dependência de suas partes – a metade superior e a metade inferior da xícara.
3. Verifique se a dependência com respeito às suas partes conflita com sua aparência de existir por si só.

5. APRECIANDO O RACIOCÍNIO DA ORIGINAÇÃO DEPENDENTE

Considere o seguinte:

1. Dependente e independente são uma dicotomia. Tudo que existe é uma coisa ou outra.

2. Quando algo é dependente, necessariamente é vazio de estar sob seu próprio poder.
3. Não podemos encontrar o "eu" em nenhuma das partes do corpo e da mente que formam a base do "eu". Portanto, o "eu" é estabelecido não por seu próprio poder, mas pela força de outras condições – suas causas, suas partes e pelo pensamento.

6. VENDO A INTERDEPENDÊNCIA DOS FENÔMENOS

Considere o seguinte:

1. A existência inerente nunca existiu, nunca existe e nunca existirá.
2. No entanto, imaginamos que existe e, portanto, somos arrastados para emoções angustiantes.
3. A crença de que os fenômenos existem inerentemente é um extremo de exagero, um abismo assustador.
4. A crença de que fenômenos impermanentes não podem desempenhar funções ou atuar como causa e efeito é uma forma extrema de negação, outro abismo assustador.
5. A realização de que todos os fenômenos são vazios de existência inerente por terem originação dependente evita os dois extremos. Compreender que os fenômenos têm originação dependente evita o extremo da perigosa negação; entender que são vazios de existência inerente evita o extremo do perigoso exagero.

7. APRECIANDO A ORIGINAÇÃO DEPENDENTE E A VACUIDADE

Considere o seguinte:

1. Dado que pessoas e coisas têm originação dependente, são vazias de existência inerente. Por serem dependentes, elas não se autoinstituem.
2. Dado que pessoas e coisas são vazias de existência inerente, elas necessariamente têm originação dependente. Se os fenômenos existissem por si mesmos, eles não poderiam depender de outros fatores, como causas, suas próprias partes ou pensamento. Uma vez que os fenômenos não são capazes de se autoestabelecer, eles podem se transformar.
3. Essas duas realizações devem trabalhar juntas, uma impulsionando a outra.

PARTE III. FAZENDO BOM USO DO PODER DA CONCENTRAÇÃO E DO INSIGHT

8. CONCENTRANDO A MENTE

1. Observe cuidadosamente a imagem de Buda ou alguma outra figura ou símbolo religioso, observando sua forma, cor e detalhes.
2. Pratique para fazer com que essa imagem apareça internamente à sua consciência, imaginando-a na altura de suas sobrancelhas, cerca de um metro e meio à sua frente, com um a dez centímetros de altura (quanto menor, melhor) e brilhando intensamente.
3. Considere a imagem como real, dotada de qualidades magníficas de corpo, fala e mente.

9. AJUSTANDO SUA MENTE PARA A MEDITAÇÃO

1. Posicione sua mente no objeto de meditação.
2. Utilizando a introspecção, verifique de vez em quando se sua mente permanece ou não no objeto.
3. Quando perceber que ela se desviou, lembre-se do objeto e concentre-se novamente nele quantas vezes forem necessárias. Desta forma, você desenvolverá as faculdades de atenção plena e introspecção.

Em seguida:

1. Para combater a lassidão, que é uma maneira muito solta de perceber o objeto meditativo:
   - Primeiro tente aplicar um pouco mais de tensão na maneira de manter a atenção no objeto.
   - Se isso não funcionar, ilumine ou eleve o objeto ou preste mais atenção aos seus detalhes.

     Caso isso não dê resultado, deixe o objeto escolhido de lado por uns instantes e pense em um tema alegre, como as maravilhosas qualidades do amor e da compaixão ou a maravilhosa oportunidade que uma vida humana oferece para a prática espiritual.
     Outra possibilidade é interromper a prática e ir para um lugar alto ou onde haja uma vista ampla.
2. Para remediar a agitação, que é uma forma muito tensa de perceber o objeto meditativo:
   - Primeiro, tente relaxar um pouco o seu jeito de imaginar o objeto.

- Se isso não funcionar, reduza o objeto em sua mente e imagine-o como se fosse mais pesado.

Caso não dê certo, deixe o objeto de lado e pense por uns instantes em um assunto que o deixe mais sóbrio, como a ignorância que provoca os sofrimentos da existência cíclica, a iminência da morte ou as desvantagens do objeto para o qual sua atenção se desviou e as desvantagens da própria distração.

PARTE IV. COMO PÔR FIM AO AUTOENGANO

10. MEDITANDO PRIMEIRO SOBRE SI MESMO

Considere o seguinte:

1. A pessoa está no centro de todos os problemas.
2. Portanto, é melhor trabalhar primeiro para entender sua verdadeira natureza.
3. Depois disso, essa realização pode ser aplicada à mente, corpo, casa, carro, dinheiro e todos os outros fenômenos.

11. PERCEBENDO QUE VOCÊ NÃO EXISTE EM SI MESMO E POR SI SÓ

1. Imagine que outra pessoa o critica por algo que você realmente não fez, apontando o dedo para você e dizendo: “Você arruinou isso e aquilo”.
2. Observe sua reação. Como o “eu” aparece em sua mente?
3. De que forma você o apreende?
4. Observe como aquele “eu” parecia existir por si mesmo, autoinstituído, estabelecido por sua própria natureza.

Em seguida:

1. Lembre-se de um momento em que você estava farto de sua mente, como quando esqueceu de fazer algo.
2. Reveja seus sentimentos. Como o "eu" apareceu em sua mente naquele momento?
3. De que forma você o apreendeu?
4. Observe como aquele "eu" parecia existir por si mesmo, autoinstituído, estabelecido por sua própria natureza.

Além disso:

1. Lembre-se de um momento em que você estava farto do seu corpo, ou de alguma característica dele, como o cabelo.
2. Observe seus sentimentos. Como o "eu" apareceu em sua mente naquele momento?
3. De que forma você o apreendeu?
4. Observe como esse "eu" parece existir por si mesmo, autoinstituído, estabelecido por sua própria natureza.

E também:

1. Lembre-se de um momento em que você fez algo horrível e pensou: "Eu realmente estraguei tudo".
2. Reflita sobre seus sentimentos. Como o "eu" apareceu em sua mente naquele momento?
3. De que forma você o apreendeu?
4. Observe como aquele "eu" parecia existir por si mesmo, autoinstituído, estabelecido por sua própria natureza.

Ainda:

1. Lembre-se de uma ocasião em que você fez algo maravilhoso e se sentiu muito orgulhoso.
2. Examine seus sentimentos. Como o “eu” apareceu em sua mente naquele momento?
3. De que forma você o apreendeu?
4. Observe como aquele “eu” parecia existir por si mesmo, autoinstituído, estabelecido por sua própria natureza.

Além disso:

1. Lembre-se de uma ocasião em que algo maravilhoso aconteceu com você que lhe trouxe grande prazer.
2. Observe seus sentimentos. Como o “eu” apareceu em sua mente naquele momento?
3. De que forma você o apreendeu?
4. Observe como aquele “eu” parecia existir por si mesmo, autoinstituído, estabelecido por sua própria natureza.

12. DETERMINANDO AS OPÇÕES

1. Analise se o “eu”, que é inerentemente autoestabelecido no contexto do complexo mente-corpo, poderia ter uma forma de existência diferente de ser parte ou separado da mente e do corpo.
2. Tome outros fenômenos, como uma xícara e uma mesa, ou uma casa e uma montanha, como exemplos. Veja que não existe uma terceira categoria de existência. Ou são uma mesma coisa ou diferentes.

3. Tome a resolução de que se o "eu" existe inerentemente como parece, deve ser o mesmo que a mente e corpo ou separado deles.

13. ANALISANDO A UNIDADE

Considere o que aconteceria se o "eu" fosse estabelecido por si mesmo da maneira como aparece em nossas mentes e se também fosse o mesmo que mente-corpo:

1. "Eu" e mente-corpo teriam que ser absolutamente uma mesma entidade, em todos os sentidos.
2. Nesse caso, afirmar a existência de um "eu" não faria sentido.
3. Seria impossível pensar em "meu corpo", "minha cabeça" ou "minha mente".
4. Quando a mente e o corpo não existissem mais, o "eu" também não existiria.
5. Já que mente e corpo são plurais, os "eus" de uma pessoa também seriam plurais.
6. Já que o "eu" é apenas um, a mente e o corpo também seriam um.
7. Assim como a mente e o corpo são produzidos e se desintegram, também deveria ser afirmado que o "eu" é inerentemente produzido e se desintegra inerentemente. Nesse caso, nem os efeitos prazerosos de ações virtuosas nem os efeitos dolorosos de ações não-virtuosas produziriam frutos para nós, ou estaríamos experienciando os efeitos de ações que não cometemos.

14. ANALISANDO A DIFERENÇA

Considere as consequências da conclusão de que o "eu" é estabelecido por si só, da maneira como ele aparece em nossas mentes, e é também inerentemente diferente do complexo mente-corpo:

1. O "eu" e o complexo mente-corpo teriam que ser completamente separados.
2. Nesse caso, o "eu" teria que ser encontrado depois que a mente e o corpo fossem eliminados.
3. O "eu" não teria as características de ser produzido, permanecer e se desintegrar, o que é absurdo.
4. Absurdamente, o "eu" teria que ser apenas uma invenção da imaginação ou permanente.
5. Absurdamente, o "eu" não teria nenhuma característica física ou mental.

15. CHEGANDO A UMA CONCLUSÃO

Recapitule repetidamente as quatro etapas para a realização:

1. Concentre-se no alvo, a aparência do "eu" como se fosse estabelecido por si só.
2. Determine que se o "eu" existisse da maneira que parece, deveria ser a mesma entidade que o complexo mente-corpo ou separado de mente e corpo.
3. Reflita minuciosamente sobre os problemas de se concluir que o "eu" e o complexo mente-corpo são a mesma entidade.
   - "Eu" e mente-corpo teriam que ser totalmente e, em todos os sentidos, uma mesma entidade.

- Afirmar a existência de um "eu" não faria sentido.
- Seria impossível pensar em "meu corpo", "minha cabeça" ou "minha mente".
- Quando a mente e o corpo não mais existissem, o "eu" também não existiria mais.
- Visto que mente e corpo são plurais, os "eus" de uma pessoa também seriam plurais.
- Uma vez que o "eu" seria apenas um, mente e corpo também seriam.
- Assim como a mente e o corpo são produzidos e se desintegram, o "eu" seria inerentemente produzido e se desintegraria inerentemente. Nesse caso, nem os efeitos prazerosos de ações virtuosas nem os efeitos dolorosos de ações não-virtuosas produziriam frutos para nós, ou experienciaríamos os efeitos de ações que não realizamos.

4. Considere minuciosamente os problemas que surgiriam da conclusão de que o "eu" e o complexo mente-corpo são inerentemente diferentes.

    - "Eu" e complexo mente-corpo teriam que ser completamente separados.
    - Nesse caso, o "eu" teria que ser encontrado depois que a mente e o corpo fossem eliminados.
    - O "eu" não teria as características de ser produzido, permanecer e se desintegrar, o que é um absurdo.
    - Absurdamente, o "eu" deveria ser apenas uma invenção da imaginação ou permanente.
    - Absurdamente, o "eu" não teria nenhuma característica física ou mental.

16. TESTANDO SUA REALIZAÇÃO

1. Percorra as quatro etapas de análise descritas no capítulo anterior.
2. Quando a sensação de que o "eu" é autoinstituído se dissolver e desaparecer no vazio, tome seu braço como objeto, por exemplo.
3. Veja se a sensação de que seu braço existe inerentemente desaparece de imediato devido ao raciocínio anterior.
4. Se a análise anterior não se aplicar imediatamente ao seu braço, sua realização ainda está em um nível grosseiro.

17. ESTENDENDO ESTE INSIGHT PARA O QUE VOCÊ POSSUI

Considere o seguinte:

1. Fenômenos internos, como sua mente e seu corpo, pertencem a você e, portanto, são "seus".
2. Pertences externos, como sua roupa ou carro, também são "seus".
3. Se o "eu" não existe inerentemente, o que é "seu" não poderia existir inerentemente.

18. EQUILIBRANDO CALMA E INSIGHT

Por enquanto, você pode alternar um pouco de meditação estabilizadora com um pouco de meditação analítica para experimentar o processo e fortalecer sua meditação.

1. Primeiro, concentre sua mente em um único objeto, como uma imagem do Buda ou sua respiração.
2. Use a meditação analítica conforme descrito nas quatro etapas para meditar sobre a natureza do "eu" (confira no Capítulo 15).
3. Quando tiver desenvolvido um pequeno insight, permaneça com isso em mente na meditação estabilizadora, apreciando seu impacto.
4. Então, quando a sensação diminuir um pouco, retorne à meditação analítica para restabelecer a sensação e desenvolver mais insight.

PARTE V. COMO AS PESSOAS E AS COISAS DE FATO EXISTEM

19. VENDO A SI MESMO COMO UMA ILUSÃO

1. Lembre-se de uma situação em que você confundiu o reflexo de uma pessoa no espelho com uma pessoa real.
2. Parecia ser uma pessoa, mas não era.
3. Da mesma forma, todas as pessoas e coisas parecem existir por si sós, sem depender de causas e condições, de suas partes e do pensamento, mas não existem.
4. Desse modo, pessoas e coisas são como ilusões.

E então:

1. Como você fez antes, traga à mente o objeto de análise, o "eu" inerentemente estabelecido, recordando ou imaginando uma situação em que você acreditou nele firmemente.
2. Observe a ignorância que se sobrepõe à existência inerente e identifique-a.

3. Coloque ênfase particular na contemplação de que a existência inerente implica que o "eu" e o complexo mente-corpo teriam que ser iguais ou diferentes.

4. Então, contemple vigorosamente o absurdo das afirmações de que "eu" e complexo mente-corpo são uma mesma coisa ou diferentes, vendo e sentindo a impossibilidade dessas afirmações:

UMA MESMA COISA

- O "eu" e mente-corpo teriam que ser totalmente e, em todos os sentidos, um.
- Nesse caso, afirmar um "eu" não faria sentido.
- Seria impossível pensar em "meu corpo", "minha cabeça" ou "minha mente".
- Quando a mente e o corpo não existissem mais, o "eu" também não existiria.
- Uma vez que mente e corpo são plurais, os "eus" de uma pessoa também seriam plurais.
- Uma vez que o "eu" é apenas um, a mente e o corpo também seriam um.
- Assim como a mente e o corpo são produzidos e se desintegram, então teria que ser afirmado que o "eu" é inerentemente produzido e inerentemente se desintegra. Nesse caso, nem os efeitos prazerosos das ações virtuosas nem os efeitos dolorosos das ações não-virtuosas produziriam frutos para nós, ou experienciaríamos os efeitos de ações que não foram cometidas por nós.

DIFERENTES

- O "eu" e o complexo mente-corpo teriam que ser completamente separados.
- Nesse caso, o "eu" teria que ser encontrado depois que a mente e o corpo fossem eliminados.
- O "eu" não teria as características de ser produzido, permanência e desintegração, o que é um absurdo.
- O "eu" absurdamente teria que ser apenas uma invenção da imaginação ou permanente.
- Absurdamente, o "eu" não teria quaisquer características físicas ou mentais.

5. Ao não encontrar esse "eu", conclua firmemente: "Nem eu nem qualquer pessoa é inerentemente estabelecida".
6. Permaneça por um tempo absorvendo o significado da vacuidade, concentrando-se na ausência de estabelecimento inerente.
7. Então, mais uma vez, deixe que as aparências de pessoas surjam em sua mente.
8. Reflita sobre o fato de que, no contexto da originação dependente, as pessoas também se envolvem em ações e, portanto, acumulam carma e experienciam os efeitos dessas ações.
9. Verifique o fato de que as aparências das pessoas têm eficácia e são possíveis na ausência de existência inerente.
10. Quando a eficácia e a vacuidade parecerem ser contraditórias, use o exemplo de uma imagem no espelho:
    - A imagem de um rosto é inegavelmente produzida na dependência de um rosto e de um espelho, embora seja vazia

de olhos, orelhas e assim por diante, e a imagem de um rosto inegavelmente desaparece na ausência do rosto ou do espelho.

- Da mesma forma, embora uma pessoa não tenha nem mesmo uma partícula de estabelecimento inerente, não é contraditório uma pessoa realizar ações, acumular carma, experienciar efeitos e nascer na dependência do carma e de emoções destrutivas.

11. Tente enxergar a ausência de contradição entre eficácia e vacuidade com respeito a todas as pessoas e coisas.

20. OBSERVANDO COMO TUDO DEPENDE DO PENSAMENTO

1. Revisite um momento em que você estava tomado pelo ódio ou pelo desejo.
2. Não parecia que a pessoa ou a coisa que era objeto do ódio ou do desejo era extremamente substancial, muito concreta?
3. Sendo assim, você não pode alegar que já vê os fenômenos como dependentes do pensamento.
4. Você os vê como se existissem por si próprios.
5. Lembre-se de que você precisa meditar com frequência sobre a vacuidade para fazer frente à falsa aparência dos fenômenos.

E então considere o seguinte:

1. O "eu" é estabelecido na dependência da mente e do corpo.
2. No entanto, a mente e o corpo não são o "eu", nem o "eu" é mente e corpo.
3. Portanto, o "eu" depende do pensamento conceitual, estabelecido pela mente.

4. O fato de o "eu" depender do pensamento implica que o "eu" não existe por si e em si mesmo.
5. Agora observe que você tem uma noção melhor do que significa algo existir por si só, a existência inerente que a realização da vacuidade visa refutar.

PARTE VI. APROFUNDANDO O AMOR COM O INSIGHT

21. SENTINDO EMPATIA

Primeiramente aplique as seis semelhanças a você mesmo, para que possa compreender a natureza do seu sofrimento e desenvolver uma forte intenção de transcender essa dinâmica.

1. Assim como um balde em um poço está amarrado por uma corda, também sou condicionado por emoções contraproducentes e pelas ações impulsionadas por elas.
2. Assim como o movimento do balde para cima e para baixo no poço é executado por um operador, o processo da existência cíclica é conduzido por minha mente indomada, especificamente por acreditar de maneira equivocada na existência inerente de um "eu" e de um "meu".
3. Assim como um balde sobe e desce continuamente no poço, eu vagueio incessantemente no grande poço da existência cíclica, desde os estados superiores de felicidade transitória até os estados mais inferiores de dor transitória.
4. Assim como é preciso muito esforço para puxar o balde, embora ele desça com facilidade, também tenho que fazer um grande esforço para me impulsionar para cima, para uma vida mais feliz, mas caio com facilidade em situações dolorosas.

5. Assim como um balde não determina seus próprios movimentos, os fatores que moldam minha vida são o resultado da ignorância, do apego e da fixação do passado; no presente, esses mesmos fatores estão continuamente criando mais problemas para minhas vidas futuras, como ondas no oceano.
6. Assim como um balde sobe e desce no poço se embatendo nas paredes, também sou açoitado dia após dia pelo sofrimento da dor e da mudança e por ficar aprisionado em processos além do meu controle.
7. Portanto, do fundo do meu coração, devo procurar a saída desta espiral cíclica de sofrimento.

Traga um amigo à mente e pense:

1. Assim como um balde em um poço está amarrado por uma corda, essa pessoa também é condicionada por emoções contraproducentes e pelas ações impulsionadas por elas.
2. Assim como o movimento do balde para cima e para baixo no poço é executado por um operador, o processo da existência cíclica é conduzido pela mente indomada dessa pessoa, especificamente por acreditar erroneamente na existência inerente de um "eu" e de um "meu".
3. Assim como um balde sobe e desce continuamente no poço, essa pessoa vagueia incessantemente no grande poço da existência cíclica, desde os estados superiores de felicidade transitória até os estados mais inferiores de dor transitória.
4. Assim como é preciso muito esforço para puxar o balde, embora ele desça com facilidade, essa pessoa também tem que fazer um grande esforço para impulsionar para cima, para uma vida mais feliz, mas cai com facilidade em situações dolorosas.

5. Assim como um balde não determina seus próprios movimentos, os fatores que moldam a vida dessa pessoa são o resultado da ignorância, do apego e da fixação do passado; no presente, esses mesmos fatores estão continuamente criando mais problemas para suas vidas futuras, como ondas no oceano.
6. Assim como um balde sobe e desce no poço se embatendo nas paredes, essa pessoa também é açoitada dia após dia pelo sofrimento da dor e da mudança e por ficar aprisionada em processos além do seu controle.

E então cultive estas três dimensões do amor:

1. Essa pessoa deseja a felicidade, mas não a possui. Que bom seria se ela pudesse ser permeada pela felicidade e por todas as causas da felicidade!
2. Essa pessoa deseja a felicidade, mas não a possui. Que ela seja permeada pela felicidade e por todas as causas da felicidade!
3. Essa pessoa deseja a felicidade, mas não a possui. Farei tudo o que puder para ajudá-la a ser permeada pela felicidade e por todas as causas da felicidade!

Agora cultive as três dimensões da compaixão:

1. Essa pessoa deseja a felicidade e não deseja o sofrimento, mas está acometida por uma dor terrível. Que bom seria se essa pessoa pudesse ser livre do sofrimento e das causas do sofrimento!
2. Essa pessoa deseja a felicidade e não deseja o sofrimento, mas está acometida por uma dor terrível. Que essa pessoa seja livre do sofrimento e das causas do sofrimento!

3. Essa pessoa deseja a felicidade e não deseja o sofrimento, mas está acometida por uma dor terrível. Eu vou ajudar essa pessoa a se livrar do sofrimento e de todas as causas do sofrimento!

Agora cultive o comprometimento total:

1. A existência cíclica é um processo regido pela ignorância.
2. Portanto, é realista trabalhar para alcançar a iluminação e ajudar os outros a fazer o mesmo.
3. Mesmo que eu tenha que fazer isso sozinho, libertarei todos os seres sencientes do sofrimento e das causas do sofrimento, e conduzirei todos os seres sencientes à felicidade e suas causas.

Traga à mente os seres individualmente, um a um – primeiro os amigos, depois pessoas neutras e, em seguida, inimigos, começando pelo menos ofensivo –, e repita essas reflexões com cada um deles. Isso levará meses e anos, mas o benefício dessa prática será imenso.

22. REFLETINDO SOBRE A IMPERMANÊNCIA

Contemple profundamente o seguinte:

1. É certo que vou morrer. A morte não pode ser evitada. Meu tempo de vida está se esgotando e não pode ser prolongado.
2. O momento da minha morte é incerto. A duração da vida dos seres humanos varia. As causas da morte são muitas e as causas da vida, comparativamente, poucas. O corpo é frágil.
3. Na morte, nada ajudará, exceto minha atitude transformada. Os amigos não ajudarão em nada. Minha riqueza será inútil, tampouco meu corpo.

4. Estamos todos na mesma situação de risco; portanto, não há sentido em discutir e brigar ou desperdiçar toda a nossa energia mental e física acumulando dinheiro e propriedades.
5. Devo praticar agora para reduzir meu apego a fantasias passageiras.
6. Do fundo do meu coração, devo procurar ir além deste ciclo de sofrimento gerado por não enxergar o impermanente como permanente.

Considere o seguinte:

1. Minha mente, corpo, posses e vida são impermanentes simplesmente porque são produzidos por causas e condições.
2. As mesmas causas que produzem minha mente, corpo, posses e vida também fazem com que eles se desintegrem a cada momento.
3. O fato de que as coisas têm uma natureza de impermanência indica que elas não estão sob seu próprio poder; elas funcionam sob influência externa.
4. Considerar o que se desintegra a cada momento como algo constante causa dor para mim e para os outros.
5. Do fundo do meu coração, devo procurar ir além desse ciclo de sofrimento induzido por confundir o impermanente com o permanente.

Traga um amigo à mente, e então considere e sinta o seguinte:

1. A mente, o corpo, os bens e a vida dessa pessoa são impermanentes porque são produzidos por causas e condições.
2. As mesmas causas que produzem a mente, o corpo, os bens e a vida dessa pessoa também fazem com que se desintegrem a cada momento.

3. O fato de que as coisas têm uma natureza de impermanência indica que elas não estão sob seu próprio poder; elas funcionam sob influência externa.
4. Ao confundir o que se desintegra a cada momento como algo constante, esse meu amigo causa dor para si mesmo e para os outros.

Agora cultive as três dimensões do amor:

1. Essa pessoa deseja a felicidade, mas não a possui. Que bom seria se ela pudesse ser permeada pela felicidade e por todas as causas da felicidade!
2. Essa pessoa deseja a felicidade, mas não a possui. Que ela seja permeada pela felicidade e por todas as causas da felicidade!
3. Essa pessoa deseja a felicidade, mas não a possui. Farei tudo o que puder para ajudá-la a ser permeada pela felicidade e por todas as causas da felicidade!

Agora cultive três níveis de compaixão:

1. Essa pessoa deseja a felicidade e não deseja o sofrimento, mas está acometida por uma dor terrível. Que bom seria se essa pessoa pudesse ser livre do sofrimento e das causas do sofrimento!
2. Essa pessoa deseja a felicidade e não deseja o sofrimento, mas está acometida por uma dor terrível. Que esta pessoa seja livre do sofrimento e das causas do sofrimento!
3. Essa pessoa deseja a felicidade e não deseja o sofrimento, mas está acometida por uma dor terrível. Eu vou ajudar essa pessoa a se livrar do sofrimento e de todas as causas do sofrimento!

Agora cultive o comprometimento total:

1. A existência cíclica é um processo regido pela ignorância.
2. Portanto, é realista trabalhar para alcançar a iluminação, ajudando os outros a fazer o mesmo.
3. Mesmo que eu tenha que fazer isso sozinho, libertarei todos os seres sencientes do sofrimento e das causas do sofrimento, e conduzirei todos os seres sencientes à felicidade e suas causas.

Traga à mente os seres individualmente, um a um – primeiro os amigos, depois pessoas neutras e, em seguida, inimigos, começando pelo menos ofensivo –, e repita essas reflexões com cada um deles. Isso levará meses e anos, mas o benefício dessa prática será imenso.

23. PRATICANDO A ABSORÇÃO NO AMOR SUPREMO

1. Como você fez anteriormente, traga à mente o alvo da sua reflexão, o "eu" inerentemente estabelecido, recordando ou imaginando uma situação em que você acreditou fortemente nele.
2. Observe a ignorância que se sobrepõe à existência inerente e identifique-a.
3. Coloque ênfase especial em contemplar o fato de que, se o "eu" fosse de fato estabelecido como inerentemente existente, o "eu" e o complexo mente-corpo teriam que ser a mesma coisa ou diferentes.
4. Então, contemple intensamente o absurdo das afirmações de que o "eu" e o complexo mente-corpo são a mesma coisa ou diferentes, vendo e sentindo a impossibilidade de as seguintes afirmações serem corretas:

UMA MESMA COISA

- O "eu" e mente-corpo teriam que ser totalmente e, em todos os sentidos, um.
- Nesse caso, afirmar um "eu" não faria sentido.
- Seria impossível pensar em "meu corpo", "minha cabeça" ou "minha mente".
- Quando a mente e o corpo não existissem mais, o "eu" também não existiria.
- Uma vez que mente e corpo são plurais, os "eus" de uma pessoa também seriam plurais.
- Uma vez que o "eu" é apenas um, a mente e o corpo também seriam um.
- Assim como a mente e o corpo são produzidos e se desintegram, então teria que ser afirmado que o "eu" é inerentemente produzido e inerentemente se desintegra. Nesse caso, nem os efeitos prazerosos das ações virtuosas nem os efeitos dolorosos das ações não-virtuosas produziriam frutos para nós, ou experienciaríamos os efeitos de ações que não foram cometidas por nós.

DIFERENTES

- O "eu" e o complexo mente-corpo teriam que ser completamente separados.
- Nesse caso, o "eu" teria que ser encontrado depois que a mente e o corpo fossem eliminados.
- O "eu" não teria as características de ser produzido, permanência e desintegração, o que é um absurdo.

- O "eu" absurdamente teria que ser apenas uma invenção da imaginação ou permanente.
- Absurdamente, o "eu" não teria quaisquer características físicas ou mentais.

5. Ao não encontrar esse "eu", conclua firmemente: "Nem eu nem qualquer pessoa é inerentemente estabelecida".
6. Determinação: Do fundo do meu coração, devo procurar ir além deste ciclo de sofrimento causado por mim mesmo ao interpretar erroneamente o que não existe inerentemente como inerentemente existente.

Traga um amigo à mente e, enquanto se recorda do processo da existência cíclica autodestrutiva, considere o seguinte:

1. Assim como eu, esta pessoa está perdida em um oceano de compreensão equivocada que considera o "eu" como inerentemente existente, alimentado por um enorme rio de ignorância que vê de maneira equivocada mente e corpo como inerentemente existentes, agitado por ventos de pensamentos e ações contraproducentes.
2. Como alguém que confunde um reflexo da lua na água com a própria lua, essa pessoa confunde a aparência do "eu" e de outros fenômenos com o significado de sua própria existência.
3. Ao aceitar essa falsa aparência, essa pessoa é inevitavelmente atraída para o desejo e o ódio, acumulando carma e nascendo repetidamente em um ciclo de dor.
4. Através deste processo, essa pessoa causa dor para si mesma desnecessariamente, bem como para os outros.

Agora cultive as três dimensões de amor:

1. Essa pessoa deseja a felicidade, mas não a possui. Que bom seria se ela pudesse ser permeada pela felicidade e por todas as causas da felicidade!
2. Essa pessoa deseja a felicidade, mas não a possui. Que ela seja permeada pela felicidade e por todas as causas da felicidade!
3. Essa pessoa deseja a felicidade, mas não a possui. Farei tudo o que puder para ajudá-la a ser permeada pela felicidade e por todas as causas da felicidade!

Agora cultive as três dimensões da compaixão:

1. Essa pessoa deseja a felicidade e não deseja o sofrimento, mas está acometida por uma dor terrível. Que bom seria se essa pessoa pudesse ser livre do sofrimento e das causas do sofrimento!
2. Essa pessoa deseja a felicidade e não deseja o sofrimento, mas está acometida por uma dor terrível. Que esta pessoa seja livre do sofrimento e das causas do sofrimento!
3. Essa pessoa deseja a felicidade e não deseja o sofrimento, mas está acometida por uma dor terrível. Eu vou ajudar essa pessoa a se livrar do sofrimento e de todas as causas do sofrimento!

Agora cultive o comprometimento total:

1. A existência cíclica é um processo regido pela ignorância.
2. Portanto, é realista trabalhar para alcançar a iluminação e ajudar os outros a fazer o mesmo.

3. Mesmo que eu tenha que fazer isso sozinho, libertarei todos os seres sencientes do sofrimento e das causas do sofrimento, e conduzirei todos os seres sencientes à felicidade e suas causas.

Traga à mente os seres individualmente, um a um – primeiro os amigos, depois pessoas neutras e, em seguida, inimigos, começando pelo menos ofensivo –, e repita essas reflexões com cada um deles. Isso levará meses e anos, mas o benefício dessa prática será imenso.

LEITURAS RECOMENDADAS

Sua Santidade o Dalai Lama, Tenzin Gyatso. *How to Expand Love: Widening the Circle of Loving Relationships.* Traduzido e editado por Jeffrey Hopkins. Nova York: Atria Books/Simon & Schuster, 2005.

____ *How to Practice: The Way to a Meaningful Life.* Traduzido e editado por Jeffrey Hopkins. Nova York: Atria Books/Simon & Schuster, 2002.

____ *Kindness, Clarity, and Insight.* Traduzido e editado por Jeffrey Hopkins; coeditado por Elizabeth Napper. Ithaca, N.Y: Snow Lion Publications, 1984; rev. ed., 2006.

____ *The Meaning of Life: Buddhist Perspectives on Cause and Effect.* Traduzido e editado por Jeffrey Hopkins. Boston: Wisdom Publications, 2000.

____ *Mind of Clear Light: Advice on Living Well and Dying Consciously.* Traduzido e editado por Jeffrey Hopkins. Nova York: Atria Books/Simon & Schuster, 2002

Hopkins, Jeffrey. *Buddhist Advice for Living and Liberation: Nagarjuna's Precious Garland.* Ithaca, NY: Snow Lion Publications, 1998.

____ *Cultivating Compassion.* Nova York: Broadway Books, 2001.

____ *Emptiness Yoga.* Ithaca, NY:S now Lion Publications, 1987.

____ *Meditation on Emptiness.* London: Wisdom Publications, 1983; ed. rev., Boston: Wisdom Publications, 1996.

Rinchen, Geshe Sonam, e Ruth Sonam. *Yogic Deeds of Bodhisattvas: Gyel-tsap on Aryadeva's Four Hundred.* Ithaca, NY: Snow Lion Publications, 1994.

Tsong-kha-pa. *The Great Treatise on the Stages of the Path to Enlightenment* vols. 1-3. Traduzido e editado por Joshua W C. Cutler and Guy Newland. Ithaca, NY: Snow Lion Publications, 2000 and 2003.

Wallace, Vesna A. e B. Alan Wallace. A *Guide to the Bodhisattva Way of Life.* Ithaca, N Y: Snow Lion Publications, 1997.

Texto composto na fonte Heuristica.
Impresso em papel Avena 80gr na Cromosete Gráfica.